書目題跋叢書

小淥天書録
小淥天藏書目

上册

〔清〕孫毓修撰
欒怡整理
吳格審定

中華書局

圖書在版編目(CIP)數據

小渌天書録/(清)孫毓修撰;樂怡整理;吴格審定. 小渌天藏書目/(清)孫毓修撰;樂怡整理;吴格審定. —北京:中華書局,2024.7
(書目題跋叢書)
ISBN 978-7-101-16641-5

Ⅰ.①小…②小… Ⅱ.①孫…②樂…③吴… Ⅲ.私人藏書-圖書目録-中國-清代 Ⅳ.Z842.49

中國國家版本館 CIP 數據核字(2024)第 110971 號

責任編輯: 孟念慈
封面設計: 劉 麗
責任印製: 陳麗娜

書目題跋叢書
小渌天書録 小渌天藏書目
(全三册)
〔清〕孫毓修 撰
樂 怡 整理
吴 格 審定

*

中華書局出版發行
(北京市豐臺區太平橋西里 38 號 100073)
http://www.zhbc.com.cn
E-mail:zhbc@zhbc.com.cn
河北新華第一印刷有限責任公司印刷

*

850×1168 毫米 1/32 · 36⅞印張 · 6 插頁 · 624 千字
2024 年 7 月第 1 版 2024 年 7 月第 1 次印刷
定價:198.00 元

ISBN 978-7-101-16641-5

《書目題跋叢書》編纂説明

中華民族夙有重視藏書及編製書目的優良傳統，並以「辨章學術，考鏡源流」作爲目録編製的宗旨。

漢唐以來，公私藏書未嘗中斷，目録體制隨之發展，門類齊全，蔚爲大觀。延及清代，至於晚近，書目題跋之編撰益爲流行，著作稱盛。歷代藏家多爲飽學之士，竭力搜采之外，躬親傳鈔、校勘、編目、題跋諸事，遂使圖書與目録，如驂之靳，相輔而行。時過景遷，典籍或有逸散，完璧難求，而書目題跋既存，不僅令專門學者得徵文考獻之助，亦使後學獲初窺問學門徑之便。由是觀之，書目建設對於中華古籍繼絶存亡、保存維護，厥功至偉。

上世紀五十年代，古典文學出版社、中華書局等曾出版歷代書目題跋數十種，因當年印數較少，日久年深，漸難滿足學界需索。本世紀初，目録學著作整理研究之風復興，上海古籍出版社、中華書局分别編纂《中國歷代書目題跋叢書》及《書目題跋叢書》，已整理出版書目題跋類著作近百種。書目題跋的整理出版，不但對傳統學術研究裨益良多，與此同時，又在當前的古籍普查登記、保護研究等領域發揮了重要作用。

二〇一六年，經《中國歷代書目題跋叢書》第四輯主編、復旦大學吴格教授提議，由國家古籍保護中心聯合中華書局及復旦大學，全面梳理歷代目録學著作（尤其是未刊稿鈔本），整理目録學典籍，將其作爲調查中國古籍存藏狀況，優化古籍編目，提高整理人才素質的重要項目，納入中華古籍保護計劃框架。項目使用「書目題跋叢書」名稱，由國家古籍保護中心統籌管理，吴格、張志清兩位先生分司審訂，中華書局承擔出版。入選著作以國家圖書館所藏書目文獻爲基礎，徵及各地圖書館及私人藏本，邀請同道分任整理點校工作。出版采用繁體直排，力求宜用。

整理舛謬不當處，敬期讀者不吝指教，俾便遵改。

《書目題跋叢書》編委會

二〇一九年五月

整理説明

孫毓修，一名學修，字星如、恂如、恂儒，號留庵、小緑天主人（「小緑天」亦常署作「小渌天」），筆名有東吴舊孫、緑天翁等，江蘇無錫縣西郊孫巷人，清末廩貢生。孫氏曾任蘇州中西學院教習、商務印書館高級編譯。他生於清同治十年（一八七一）六月二十九日，卒於民國十二年（一九二三）一月二十二日，年五十有二。原配張鈿閣，先卒。繼配顧希昭，卒于二十世紀五十年代後。父檝，字志伊，廩貢生。孫氏與張氏之子貴定，爲英國愛丁堡大學哲學博士、文藝科碩士、教育心理學學士，曾任厦門大學教授。

孫氏於清光緒三十三年（一九〇七）進入上海商務印書館編譯所，至其去世，任職十六年。其間擔任編譯所高級編譯，曾編譯外國文學作品數種，又擔任雜誌編輯。清宣統二年（一九一〇），孫氏開始參與《四部叢刊》（初名《四部舉要》）的影印編輯工作。商務印書館同期影印出版的《涵芬樓祕笈》《續古逸叢書》等，孫氏亦擔任主要編輯。

孫氏平生著述，除已發表的文學著作（如《童話》等）以外，已刊著述、未刊稿本，計有四十餘種。其未刊稿本，目前大多收藏於上海圖書館。經調查梳理，孫氏著述中與版本目録學有關者約十餘種。本書整理孫氏所撰書目題跋相關的著述，分爲兩個部分：一爲題跋書録，即孫氏爲其經眼古籍所撰題跋、書録、序文等，以「小淥天書録」爲題；二爲孫氏藏書目録，以「小淥天藏書目」爲題。以下就所收録文獻分别進行説明。

小淥天書録

一、四部叢刊書録

民國初年，商務印書館響應繆荃孫等人倡議，籌備古書影印之事，以涵芬樓所藏善本爲主要影印底本，輯印《四部叢刊》等多部叢書。其時，孫毓修已在商務印書館及涵芬樓工作數年，對涵芬樓藏書非常熟悉，遂成爲商務影印古籍叢書籌備階段的重要編輯。張元濟先生要求他爲收入《四部叢刊》的每一種古籍撰寫書録。

根據孫氏與張元濟先生的通信等資料，當時由於工作進度急迫及營銷需要，《書録》

的撰寫是分批進行的，最初的定位是對每書的「題解」。在第一批影印書目確定印行的同時，便需要開始撰寫書録，而此時第二批的擬目也已部分確定。《書録》的撰寫約分三批，民國十年（一九二一）五六月間，約爲第三批書録的定稿期。孫氏寫成後，需交張元濟先生審定；可以確定的是，孫氏始終是對此事用力最深者。

《書録》已於《叢刊》各種印成時隨書附録，至《叢刊》全部印成，又重新集結成册，並以經、史、子、集四部爲次，分類編排。《書録》並不單行，而是冠於《叢刊》之首一起發行，同時也作爲全書的目録而方便讀者使用。

《書録》共收書志三百二十二篇，不分卷，其中經部二十五篇，史部二十三篇，子部五十九篇，集部二百十五篇。部類名低二字，每書書名、卷數、册數頂格，其下小字注版本，書志則换行低一字著録。

本書所用的整理底本爲民國十一年（一九二二）鉛印本，一册，半葉十三行，二十五字，小字雙行同，四周雙欄，白口，單黑魚尾，版心中鎸「録」及四部分類名、葉數，下鎸「涵芬樓」。書首有《印行四部叢刊啓》《四部叢刊例言》。書末有民國十一年商務印書館《四部叢刊刊成記》，及孫毓修題識。

民國十八年(一九二九)，《叢刊》重印，《書録》亦隨之重刊。因重印時更换了底本，有九十四篇書志由商務印書館重新修訂。此時孫氏已歿，修訂版非其手筆，故此重印書録不在本書整理之列。

二、涵芬樓祕笈書後題跋

孫毓修在商務印書館工作期間，除《四部叢刊》外，還曾參與多部古籍叢書的影印工作，如《涵芬樓祕笈》《續古逸叢書》等。其中的《涵芬樓祕笈》，孫氏是主要編輯者之一。《涵芬樓祕笈》(下簡稱《祕笈》)，爲民國四年至十年(一九一五—一九二一)間，商務印書館影印、鉛印的稀見古籍叢書，共十集，八十册，收書五十二種。

《祕笈》十集的編排，並未按四部分類，每集之内，四部兼收。據此可以推斷，叢書爲隨得隨輯隨印，自民國六年(一九一七)初集出版後，其餘各集均單獨發行，每集約發行數百部，前後集出書間隔約半年。《祕笈》疊經再版，筆者所見，自民國十二年至十五年(一九二三—一九二六)，曾三次重版。

目前所見的《祕笈》，共十函。每函爲一集，訂爲八册。藍色函套，函套左上題簽作「涵芬樓祕笈第□集」，右上另貼簽，載該集内容簡目。《祕笈》全書刊印，採用影印和鉛印兩種方法，其中影印者二十八種，鉛印者二十四種。採用影印方式的，影印底本多爲稿抄本。採用鉛印本者，或因底本爲舊鈔，字跡難辨，須經校訂處理；或因原書樣式需要改變，以求條理明晰，便於閲讀。

《祕笈》十集，尺寸統一，均高十九點八釐米、寬十三點二釐米。封面左側均墨印題簽。凡影印之書，皆按原書樣式縮印，以最大限度地保留原貌。凡鉛印之書，版式也基本相同，多爲半葉十行（僅《進呈書目》排爲十二行），每行字數從廿字到廿二字不等，四周雙欄，上下黑口，單黑魚尾。版心中一般鐫有該書題名簡稱、卷次及葉次，内框尺寸高十四點七釐米，寬九點六釐米。

以上版式，採用了商務印書館較爲成熟的鉛印排版樣式，既顧及了版面的疏朗，令讀者賞心悦目，也考慮到書册的厚薄均匀等因素，堪稱版式設計之範式。

《祕笈》所收各書之末，多載編輯者所撰跋語，均題作「某某跋」，正文换行。編者跋文皆鉛印，十行廿字或廿一字，四周雙欄，上下黑口，單黑魚尾，版心中鐫「某某跋」及葉數。其中《彭氏舊聞録》《太僕行略》兩書合撰跋語一篇，並以「茗齋雜記跋」爲題；《唐石經考異》與《考異補》合撰一篇，以「唐石經考異跋」爲題；《道餘録》與《几上語》《枕上語》三種合册，其中《道餘録》僅録黄丕烈跋，無編者跋文，其餘二種合撰一跋，題曰「几上語枕上語跋」。

全書共載跋文四十九篇，除《敬業堂集補遺跋》與《雪庵字要跋》爲張元濟所撰之外，其餘皆爲孫氏所撰。張元濟所撰兩篇跋文，本書不予收入。

孫氏所撰跋文，每篇約在二百至五百字，首記書名卷數，次作者姓名及小傳，以下略述其書内容、版本源流、流傳過程等，屬於孫氏書志解題類著述中較爲成熟的成果。孫氏爲《祕笈》本所撰題跋，在介紹著者生平時，若遇《四庫》已收者，一般即參照《四庫提要》，以省查考之力。其與《提要》不同之處在於，《提要》於作者小傳後，多對該書内容及著者學術等加以大段評價，孫氏跋語則注重交待版本源流，如介紹《四庫提要》是否已收、《祕笈》所收與《四庫》本在版本上之異同以及内容是否有增補等，對於其書内容或著者評價較少。這固然因爲《祕笈》與《四庫提要》體例不同，但也反映了孫氏撰寫解題、書志的一貫風格。

三、小緑天藏書志

本書所用《小緑天藏書志》底本不分卷，二册，孫氏稿本，上海圖書館藏。書中所記年代自癸丑至辛酉，可知書志撰寫，應始於民國二年（一九一三），其後八年間陸續修訂，至民國十年而成。此書共一百一十五葉。兩册書高尺寸不同。

第一册至六十九葉止。黑格十行稿紙，版心下鐫「小緑天鈔藏」。第二册自第七十一葉始，至一百一十五葉止。封面墨筆題「小緑天編年藏書記／庚申十二月」，時間已至民國九年（一九二〇）。次行題「初擬采《佳趣堂》之例，以編年爲體，今改從《曝書雜記》體，此藁遂不復續矣。辛酉十月廿七星期四，留菴」。辛酉（一九二一）題識，爲一年後所書，同時可知，此册所録仍非孫氏計劃續寫的全部。

此册爲編年體，孫氏初擬按買書時間分卷，如「小緑天編年書目卷一（五十二種）」，次行題「庚戌（宣統二年）」等。然分卷標準並未一以貫之，第九十三葉以下不再分卷，僅在版心題寫干支紀年，及該葉書志之題名簡稱，如第九十三葉版心題「己未」。又所記年代次序錯出，如第九十四至九十九葉皆記爲「己未」，第一百零一葉爲「己酉」，第一百零五葉爲「庚申」，第一百零六至一百零七葉又爲「己未」等。

書志格式，書名多頂格，下記卷數，間標册數，再下間有標注版本（小字）。次行撰寫書志提要。提要除概述該書著者、版本流傳外，間述及孫氏收藏或鈔藏該書之原因，以及收藏過程等。

此書多爲孫氏筆跡，間有筆觸稚嫩者，似爲他人謄鈔。偶有朱筆圈點，多爲後添句讀。第二册内多篇書志，書名前有墨圈，題名下有小字標明著者，間有標注該書得自何處者，如「臨野堂全集三十八卷」條，其下小字注「吴江鈕秀玉樵著，得自蘇人楊遂菴」[一]。

第一册録書一百二十四種，第二册録書六十九種，其中有約十四種與第一册重複，然所撰書志文字略有不同。兩册去其重複，共計收書一百七十九種。此志爲孫氏藏書之精華，此次整理，全書過録，保留了所有重複的條目。

前文已述，孫氏撰寫書志之計劃，絶非僅此二册，尚待日後續寫。惜其英年早逝，續寫之志，付諸東流。

四、留菴讀書記

本書所用底本爲三册，孫氏稿本，上海圖書館藏。此書第一册封面墨筆題「留菴讀書記」，第二册封面題「所見録第二册，庚申，辛酉十月止」，第三册封面題「所見目録，第三册（辛酉十二月起，壬戌□月止）」。據此，孫氏曾爲這部書稿擬了「留菴讀書記」與「所見録」兩個書名，今仍據第一册封面，以「留菴讀書記」爲名〔二〕。根據第二册和第三册封面所題的年代，此書的整理當開始於民國九年前，並一直持續到民國十一年止。孫氏歿於次年年初，這也許是第三册封面「壬戌□月」未及填上月份的原因。

此書共一百七十五葉，紙撚裝。第一册與第三册有「小緑天／藏書」朱方、「孫印／毓修」朱方印。三册的書高尺寸不同，每册内所用稿紙亦不統一。第一册所用大多爲黑格稿紙，十行，字數不等，左右雙欄，白口，單黑魚尾，版心下鐫「小緑天鈔藏」。第二册與第三册所用稿紙多爲緑格稿紙，八行，有小分格二十二字，四周雙欄，白口，無魚尾。除此而外，尚有不同規格的稿紙十餘種。

由此可見，孫氏這部書稿當屬日積月累而成，整理工作尚停留在將平日隨時記録或撰寫的讀書札記集中成册的階段，未有進一步的謄抄或系統的分類梳理。這也是孫氏此書後二册封面上僅題「所見録」的原因。

此書所記，皆孫氏平時經眼之書。除於商務館内涵芬樓藏書所見外，尚有於書賈處所見，或商務輯印《四部叢刊》時於各處借得者。雖無緣購藏，孫氏仍對其書作些許記録，有詳有略。每一書有基本的書名、卷數及簡單的版本、藏印等信息。書名之下，多撰寫簡單的提要，主要介紹著者、作品内容，或者行款版式、版本情況、流傳原委，對於一書的序跋等，也多有摘録，甚至全篇過録。

此次整理時，僅摘録孫氏所撰題跋，略去其所過録的篇幅較長的他人序跋。孫氏題跋正文中所引用的他人序跋文字，予以保留。

五、小淥天叢鈔

《小淥天叢鈔》四十九册，兩函，孫毓修輯。主要爲黑格鈔本，復旦大學圖書館藏。此書題名，係編目員據内容所擬。《叢鈔》共輯録史部、集部書五十種。各書書末，間有孫氏或其妻顧希昭跋。按其所署年月，《叢鈔》纂輯年代始自民國四年，訖於民國十年。《叢鈔》各册多訂有深藍色紙封面，無簽條，綫裝。書品高寬尺寸相仿。其中僅第二十四至二十八册爲紙撚裝，封面用黄色紙，並有墨筆題名，應屬後來插入者，或非孫氏原意，而是後來藏書者或藏書機構所爲。

書内有朱墨筆校語，有浮簽，天頭地脚間有批注。此次整理，録得其中各書前後所附較爲完整的孫氏序跋十六篇，其餘校語、札記等，不予收入。

六、留庵書跋

《留庵書跋》一册，孫氏稿本，上海圖書館藏。封面及正文均未題書名，此處據上海圖書館目録系統著録。此稿内收録孫氏所撰古書跋尾若干首，以及致親友書信若干通，想題名即據此而擬。封面墨筆題「戊午己未兩年未刊叢稿，庚申三月廿日訂」，則此書内各稿當在民國七年至八年間寫成，而於民國九年整理成册。

此書共四十一葉。稿紙前後不一，大部分爲緑格稿紙，八行，有小分格二十二字，四周雙欄，白口，無魚尾，版心無字。

所謂「書跋」，實爲書信與序跋的統稱。其中書信十五通，與目録版本及藏書等有關的有九通，其餘爲家信。這九通信中，兩通致劉承幹，四通致章梫，一通致繆荃孫，一通致葉德輝，一通致孫峻。此書另收録跋文十首、記文一篇、行狀一篇、挽詞一首。此次整理即收録其中的十首跋文，其餘不録。

七、江南閲書記

《江南閲書記》一册，稿本，上海圖書館藏。封面墨筆題「江南閲書記」，其下小字注「己未第一次第二次第三次」，成書當在民國八年（一九一九）。

書内所記爲孫氏在民國八年赴江南圖書館三次閲書的經歷，日記體，主要爲每日所見各書的版本、版式情況，間有過録序跋文字，亦間有記録與商務本館所藏同名書的版本比較等。

根據《江南閲書記》，孫氏三次赴南京分別在民國八年的一月、四月及六月。第一次從一月十四日停留至十八日（第六葉至第二十六葉）；第二次從四月十七日停留至廿六日（第三十葉至第四十四葉）；第三次從六月十八日停留至七月一日（第四十八葉至第五十四葉）。

孫氏此行的目的，主要爲驗看影印底本，決定選目，並聯絡照印等事宜。其間閱書之不易，創業之艱難，書内皆有記載。即如選定底本後，照相之事亦頗費心思。

孫氏三次赴南京，總計僅十餘天，然閱書甚勤，僅此稿内所見，即録有書目二百五十四種，每書簡略者皆有書名卷數、册數、版本行款等基本信息，稍詳者則過録有書内各家手跋等。《四部叢刊初編》中，所用江南圖書館藏書有四十三種，此稿爲其撰寫書録提供了非常翔實的資料。

此次整理，即以摘録其中孫氏所撰提要、跋文、書志爲主，而略去其所過録他人序跋原文及日常生活雜項等。

八、其他散見題跋

此次整理，除收入孫氏已成（已刊、未刊）著述中的題跋文字外，對於散見於其他材料中的孫氏跋文，也進行了調查和收集。

周連寬先生曾於一九四八年第二期《上海市立圖書館刊》發表其整理的《涵芬樓讀書録》。周氏所見孫氏手稿原爲兩册，係孫氏任職涵芬樓期間雜録序跋文字等，其中黄丕烈題跋較多，周氏已另行整理發表。此處《涵芬樓讀書録》爲周氏所録黄跋以外跋文，此次整理時，擇取其中孫氏所撰三篇跋文予以收録。

沈燮元先生提供了他所經眼的孫氏跋文七篇，分别來自南京圖書館藏本、西泠印社拍賣圖録、《蛾術軒篋存善本書録》等。

此外，筆者又從上海博古齋拍賣圖録上收得孫氏跋文一首。

小淥天藏書目

此次整理小淥天藏書目，主要基礎爲孫氏稿本《小緑天藏書志》（兩册）、孫氏稿本《小緑天藏書目》（四册）、民國鉛印本《小淥天孫氏鑒藏善本書目》（一册）。删除重複條目後，計得一一二五四條〔三〕。

《小緑天藏書志》的相關情況前文可見，兹不贅述。

《小緑天藏書目》不分卷，四册，孫氏稿本，上海圖書館藏。書目第三册封面有墨筆題「此目于戊午重五前寫成，改正後再録正本」，成書於民國七年（一九一八）前後。全書共一百三十八葉。各册書高尺寸不等，稿紙形態也不盡相同。

第一册至第二十五葉止。封面墨筆題「小書目」，緑格八行稿紙。其著録格式，書名頂格，子目换行並低一字。各書僅録書名卷數、册數及簡單版本信息，少量條目未著録版本信息。

此册多爲孫氏筆跡，内分三卷。卷一自第二葉《五經讀本》始，至第十一葉《錢塘韋先生集》止，卷末孫氏自計爲「一百零九種」，實際一百三十三種。卷二自第十二葉《清溪弄兵録》始，至第二十一葉《重定金石契》止，孫氏自計爲「一百零一種」，實際一百三十九種。卷三自第二十一葉《十七史商榷》始，至第二十五葉《文心雕龍》止，孫氏自計爲「四十二種」，實際五十七種。此册實際録書共三百二十九種。

此册著録諸書，並無嚴格分類。某些條目的天頭地脚，有朱墨筆記號或小字注語，如「水經注釋四十卷首一卷附録二卷刊誤□卷／趙氏原刊本」條，書名上方天頭有墨筆頓號，版本下方有朱筆「廿」字。又如「石田集三卷／三册／明弘治癸亥黄淮刊本」條，版本下方有朱筆「卅」字等。這些記號，或許爲孫氏的計數符號。

第二册自二十六葉至五十一葉。未見封面。黑格十行稿紙，版心下鐫「梁溪孫氏／小淥天寫」。此册未分卷。書名著録頂格，多記册數，版本著録（小字）較簡。部分條目下有簡要注語，包括對著者、版本或校勘者的説明，如「精鈔南渡録等五種南渡録大略／二册」條，其下注「星如校，宋辛棄疾著，精鈔」，可知此書鈔本較佳，且經孫氏親自校過。與第一册不同處，第二册内出現箱號，皆低三字標注，著録時似以箱爲單位，每箱著録完畢，有對册數的統計。其中「紙包内之書録」，著録簡單，多缺版本信息。

此册並非孫氏筆跡，亦無分類，某些條目題名上有小朱圈，且相對集中。册末《伯生詩續編》條下有小字注：「我先人星如以舊藏羅紋紙手抄並有跋，所以雖千金不賣也，留與子孫作爲紀念品。」由此推知，此册或爲孫氏去世後，由其遺孀顧希昭整理，著録時以書箱爲單位。孫氏家屬當時似已有鬻書計劃，其中標有小朱圈者，疑因版本較好而特意標出，或留存不售者。此册共録書四百六十五種。

第三册自第五十二葉至第一百零三葉。封面墨筆題「此目于戊午重五前寫成，改正後再録正本」，次行題「殘本五」，其下小字「後漢表、一統志、宋奏議、臨安、雲林、陵陽」。

藍格十行稿紙，版心下鐫「勤有堂」。有「希昭／手鈔」朱方、「留盦□□／精心所寫」朱長方、「孫毓／修印」白方、「小緑天／藏書」朱方、「小緑天／秘笈／中物」朱方、「留盦／手題」白方印等印記。內多孫氏筆跡。

此冊始以四部分類著録，首葉題「經部四十六本、史部二百廿四本、子部五十二本、集部三百十五本，共計六百三十七本」。其後著録書名、卷數、册數。書名頂格，版本换行低一字著録，或有簡單注語，説明書籍來歷或舊藏某處等。各條下方欄外注有計數符號。

册内各部結束處，有收書數量之統計：第五十四葉至第五十五葉，經部，統計云「已上經十五部一百七十一卷」；第五十六葉至第六十葉，史部，統計云「史四十五部七百九十七卷，八部無卷數」；第六十葉至第六十二葉，子部，統計云「子二十三部二百七十三卷，四部無卷數」；第六十二葉至第六十九葉，集部，下分别集、總集、戲曲、詩文評四類，每類後分别統計云「别集四十八部六百四十二卷」「總集八部二百三十卷，二部無卷數」，「戲曲五部二十四卷，二部無卷數」，「詩文評三部九十一卷」。

自第七十葉至第七十六葉，爲「新鈔書目」。第七十六至七十七葉，爲「彙鈔題跋」，未分四部。自第七十八葉至一百零一葉，未注分類，仍以經、史、子、集、叢順序著録，所記書名與前有重複，疑爲謄鈔目録。自第一百零一葉至一百零三葉，爲「武英殿聚珍版書」目録，共五十三種。此册累計著録藏書五百三十八種，間有重複。

第四册自一百零四葉至一百三十八葉。封面墨筆題「四部叢刊目録」。所録皆爲《四部叢刊》子目，有書名、册數、卷數等項，有的附注印本所用紙張。此册按箱號著録，故有「第壹號書箱」至「第七號書箱」、「第壹大號書箱」至「第肆大號書箱」等名稱，每箱並有册數統計。第一百三十二葉以下，著録「守山閣叢書目録」。

經統計，此目内孫氏所著録藏書共計一千三百三十三種，各册之間互有重複。經核對去除重複條目，此「藏書目」共收書一千一百三十九種。

《小渌天孫氏鑒藏善本書目》不分卷，一册，孫毓修編。民國間鉛印本，國家圖書館藏。北京商務印書館二〇〇五年影印入《中國著名藏書家書目彙刊（近代卷）》。

據影印本觀察，此書無欄綫，十五行，每行字數不等。書名頂格，下以小字注版本。一書内含兩個書名者，則書名以雙行小字排印。有「長樂鄭/振鐸西/諦藏書」朱方、「長樂鄭氏／藏書之印」朱長方，知曾爲鄭振鐸先生所收藏。

此書分經、史、子、集、叢五部，經部四十五種、史部一百零二種、子部一百一十三種、集部一百九十九種、叢部十種。書末另有手書十五種書目，似爲藏書者所添加，非孫氏原本所有。如此，則共計四百八十四種。各書名上偶有後來添加的圈記，下有手書的數字，想是所記册數。

按，孫氏《小緑天藏書志》收書一百七十九種，《小緑天藏書目》録書一千一百餘種，上述兩稿均爲稿本。此目既名「善本書目」，已條分類目，並鉛字排印，可見是孫氏篩選後所定之目，成稿年代當不會太早。孫氏《丙辰除夕自述》[四]中曾云「癸丑至今，又積書萬卷，念此差足慰耳」，此目之成，或即在此前後。關於此目，王紹曾先生曾目驗，並撰有跋，對其中所著録的各種版本有較爲詳細的統計[五]。

孫氏曾撰《小緑天藏書緣起》[六]一文，後又對此文略加增補修改，以「買書記」[七]名之。在上述二文中，孫氏對其購書、鈔書、藏書之過程都有述及。此外，在其所撰日記、讀書札記中，也經常可以看到他工作之餘四處訪書、借鈔及購書的記述。由此，對孫氏藏書緣起及其來源，可有一個大概的認識。

孫父名樾，酷嗜讀書，雖因家貧而無力購書，亦時常去友朋處借閲，尤喜治《禹貢》之學。孫氏曾回憶其父云：

無力多致書，恒向人假借，手録其要。蠅頭端楷，至數十册。讀書有得，書於簡端，朱墨爛然，録之皆成札記。尤喜治《禹貢》之學。注《禹貢》者，以胡氏渭《禹貢錐指》爲精博。前人病其太謾，府君會通其旨，增削改竄，積十年之力，成《禹貢錐指要删》二十一卷，胡氏之外，自成一書，蓋非《節要》等書可比也〔八〕。

在其父親的耳濡目染及嚴格要求下，孫氏自幼也養成喜好讀書的習慣。及其稍長，由《四庫簡明目録》而知目録之學，遂開始買書。起初他並不重視版本，所用多爲當時流行的書局本等。其後因屢次外出赴考，見所喜之書即傾囊購之，購書費用得其元配張氏資助。二十以後，遷家蘇州，更獲得購書的便利。孫氏這一階段積累的藏書，中西兼蓄，以讀書興趣爲主，對於版本仍不在意，其自述云：

大約兹事極盛之期，在光緒癸巳、甲午之間。至光緒己亥，移寓蘇州，則積書七八架。其間局板書與洋板書參半。此時亦不識所謂版本，見一紙白版新者，即甚快於心矣。己亥冬間，買書之心大作，又稍稍購求，亦惟局板、洋板書耳〔九〕。

此後數年，孫氏游歷江西、北京等地。回蘇州後，生活一度異常困窘。當時提倡新學，孫氏開始對學習英語感興趣，故曾將以前收藏的大部頭古書，典賣給蘇州觀前書坊。清光緒三十三年（一九〇七），孫氏赴上海商務印書館就職，其後又擔任涵芬樓管理，「所見既多，稍闚版本目録之學，而有收藏之志」〔一〇〕。在商務印書館工作的十餘年間，孫氏生活稍稍安定，所獲薪酬也能有所節餘。在館因參與影印古籍叢書，又承擔爲涵芬樓購買藏書、整理目録之責，與各地藏書家及館内同仁多所切磋，孫氏在版本目録學方面大爲長進。其時，國内時局動蕩，内地世家大族，皆避地上海，時有善本佳槧流散至書肆，爲孫氏藏書提供了難得的發展機遇。他曾這樣描述當時的情況：

辛亥革命，寰宇雲擾，獨上海晏然。故家遺老多挾書來避地者。淞濱闤闠之場，忽有鄉嬛委宛之觀，得與海内耆宿質疑問難，互相通假。又值豐順丁雨生、京師盛伯羲、豐潤張幼樵、宜都楊鄰蘇、武林吴清來，四明陳舊雨、范天一、盧抱經諸家之書散至滬市，輒節衣食之費，遨遊其間〔一一〕。

這一階段，孫氏藏書數量大增，在善本的積累上亦可稱進入「黄金時期」。然而好景不長，隨著書價上漲，及負擔其子留洋費用等，孫氏購書興致，不得不爲之減弱。然而愛書之心不滅，凡遇好書而無力購藏者，輒多方設法，傳鈔過録，或者自抄，或由其繼室顧氏抄寫，或傭人抄寫，數年之間，積累起數量不少的「小緑天抄本」。

從現有的資料可見，孫氏在其生前，曾多次整理藏書目。不同時期的書目整理謄清後，又因新買、新鈔或鬻書而有增減。故除上述上海圖書館所藏孫氏藏書志、藏書目，以及國家圖書館所藏《小渌天孫氏鑒藏善本書目》而外，坊間或私人藏家中亦尚有數種孫氏藏書目録流傳。此次整理，以上述志、目爲基礎，孫氏藏書之大概應已具備，也希望今後能有機會訪得其餘書目，以獲增補完善。

本書的整理，前後歷經五年餘，自始至終得到導師吴格先生的指導，也得到沈燮元先生的關心和幫助。此外，同門李軍、柳向春兩位師兄也熱心提供書目信息和線索。我的家人們也給予了最大限度的理解和支持。在此一併致謝。

樂怡

二〇一四年八月

〔一〕見《小緑天藏書志》第七十二葉。

〔二〕上海圖書館稿鈔本系統内，此書題名爲「留庵讀書記」。「庵」與「菴」同，孫氏在稿本中凡遇「庵」皆寫作「菴」，故整理時一仍孫氏之舊。

〔三〕二〇一四年初稿據上述三種書目，計整理得一一七三條。二〇二四年再校時，又據《留庵編年書目》增補，得一二五四條。按，《留庵編年書目》不分卷，一册，孫氏稿本，韋力芷蘭齋藏。黑格稿紙，半頁十行，左右雙欄，細黑口，上單黑魚尾，版心下鐫「梁溪孫氏小淥天寫」。二〇二三年被收入柳和城、丁小明、葉新、鄭凌峰主編，廣西師範大學出版社影印的《上海圖書館藏孫毓修稿鈔本叢刊》。書前有買書抄書帳目，其後依次爲《編年書目題辭》《書廚銘》《買書記》，及無題名序文一篇，述其購書經歷。書目正文以「手澤」爲首，著録孫父著述，其後分年録目，起庚戌年，止壬戌年。每一年第一行標明干支紀年及年號、地點等，未分四部。著録内容較完整者有書名、卷數、子目、册數、版本、紙張、來源等，間有過録批校、題跋、藏印，零星有記録書籍去向者。編年書目之後，爲「鄉賢著述」，計九十八部，均爲孫氏所收藏無錫人著述或刻書等。此書總計録目七百五十餘部，與孫氏《小緑天藏書志》所録書目有較多重合，以編年記目的體例亦相同，似爲藏書志編纂之藍本。

〔四〕文見上海圖書館藏孫毓修稿本《留庵雜録》第九册第八百零一葉。

〔五〕見王紹曾《目録版本校勘學論集》一二五頁《小緑天善本書輯録》一文（上海古籍出版社二〇〇五年第一版），其文云：「紹曾案：近承友人柳和城同志惠贈《小緑天鑒藏善本書目》（排印本），看來是孫毓修生前自定的藏書目録。這個目録是從國家圖書館『西諦藏書』中發現的，鈐有『長樂鄭振鐸西諦藏書』朱文印記，但未見《西諦書目》，不知原因何在。經我統計，小緑天（緑或作『淥』）鑒藏善本書凡四八九種，計明本六八、影宋本一、影宋鈔本三、覆宋本九、翻宋本一、覆元鈔本一、影元本一、元鈔本一、明鈔本三、影明鈔本一、汲古閣本二、舊鈔本三七、鈔本九、繆鈔本二、稿本六、明活字本四、日本活字本一、高麗本一、木活字本一、日本舊刻本三、套印本二、内聚珍本五八、校宋本一、黄跋本二、校本二九，其餘均未標注版本。其中，收入《四部叢刊》初編者十七種，除少數幾種未見書目著録外，絶大多數均見孫氏《鑒藏書目》。其身後如果係歸涵芬樓所有，則一九三二年『一·二八』之役恐已成爲灰燼。其中有無收入《涵芬樓燼餘書録》者，尚須加以核對，方知究竟。」

〔六〕見上海圖書館藏孫毓修稿本《小緑天藏書志》第四葉。

〔七〕孫氏在《小緑天藏書緣起》後曾題「此文重作，題『買書記』，鈔入文存中」，經查，《買書記》在《戊己叢稿》第一葉。

〔八〕見上海圖書館藏孫毓修稿本《先府君行述》。

〔九〕見上海圖書館藏孫毓修稿本《小緑天藏書志》第四葉。

〔一〇〕見上海圖書館藏孫毓修稿本《戊己叢稿·買書記》。

〔一一〕見上海圖書館藏孫毓修稿本《戊己叢稿·買書記》。

目録

涵芬樓祕笈書後題跋

小緑天藏書志

留菴讀書記

小渌天叢鈔書前書後題跋

留庵書跋

其他散見題跋

小淥天藏書目

經

史

子

集

叢

小淥天書録

整理凡例

一　《小渌天書録》收録孫毓修所撰經眼古籍之題跋、序文等，分爲全書過録、摘録、其他散見於各圖書館藏書前後題跋及著録家文字等，以全書過録、摘録、其他散見爲序依次排列，具體收録範圍如下：《四部叢刊書録》（初版）、《涵芬樓祕笈書後題跋》《小録天藏書志》，以上全書過録；《留菴讀書記》《小渌天叢鈔書前書後題跋》《留庵書跋》《江南閱書記》，以上自孫氏稿本摘録；周連寬整理《涵芬樓讀書録》三篇、沈燮元先生供稿七篇、上海博古齋拍賣圖録一篇，以上輯録。

一　全書過録者，爲保留原書面貌，其前序後跋、目録等，均依原書次第過録。

一　各篇題名均依原文照録；題名項完整包含書名、卷數，其後標記册數。《涵芬樓祕笈書後題跋》中，遇僅有「跋」字者，依篇中所著録書名補足，如《几上語枕上語跋》，原篇首僅有「跋」字，今依正文首所云「右《几上語》一卷《枕上語》一卷」補全。

一　版本項大體依據原書體例著録，如《四部叢刊書録》版本項排在册數之右，今改列册數之下；《涵芬樓祕笈書後題跋》則不單獨列出版本項；《小緑天藏書志》版本項在題名項次行等。

一　題名下原文有著者項者照録，不加標點；原文無者，整理時不增加。著者前朝代名不加括號。

一　正文中原雙行夾注，今以小字標示。

一　原稿本孫氏或他人眉批、地脚注或欄外注，孫氏連續或長篇過録之他人序跋，均以仿宋字集中列於每篇之後，整段低一格排列，並標明「眉注」「地脚注」「旁注」等；有多條的，冠以序號。

一　正文内偶有過録刊行牌記等，照録文字。

一　避諱字均爲回改，異體字酌作統一。

一　原文字跡漫漶不清、無法辨識者，以□表示，缺字，以■表示；原文作空格、畫圈或畫方格者，照録。

一　原稿人名悉統一爲通行寫法，如「揭徯斯」改作「揭傒斯」；「火原潔」改作「火源潔」，不再出校勘記。

四部叢刊書録

印行四部叢刊啓

覩喬木而思故家，考文獻而愛舊邦。知新温故，二者並重。自咸同以來，神州幾經多故，舊籍日就淪亡，蓋求書之難，國學之微，未有甚於此時者也。上海涵芬樓留意收藏，多蓄善本，同人慫恿景印，以資津逮。間有未備，復各出公私所儲，恣其搜擥。得於風流閴寂之會，成此《四部叢刊》之刻，提挈宏綱，網羅巨帙，誠可云學海之鉅觀，書林之創舉矣。覼縷陳之，有七善焉。彙刻群書，昉於南宋，後世踵之。顧其所收，類多小種，足備專門之流覽，而非常人所必需。此之所收，皆四部之中家絃户誦之書，如布帛菽粟，四民不可一日缺者，其善一矣。明之《永樂大典》，清之《圖書集成》，無所不包，誠爲鴻博，而所收古書悉經剪裁。此則仍存原本，其善二矣。書貴舊本，昔人明訓，麻沙惡槧，安用流傳？此則廣事購借，類多祕帙，其善三矣。求書者縱胸有晁、陳之學，冥心搜訪，然其聚也非在一地，其得也不能同時。此則所求之本具於一編，省事省時，其善四矣。雕板之書，卷帙浩繁，藏之充棟，載之專車，平時翻閲亦屢煩乎轉换。此用石印，但略小其匡而不併其葉，故册小而字大，册小則便庋藏，字大則能悦目，其善五矣。鏤刻之本，時有後先，往往小大不齊，縹緗異色，以之插架，殊傷美觀。此則版型紙色斠若畫一，列之清齋，實爲精雅，其善六矣。夫書貴流通，流通之機在於廉價，此書搜羅宏富，計卷逾萬，而議價不特視今時舊籍廉至倍蓰，即較市上新版亦減至再三。復行預約之法，分期交付，既可出書迅速，使讀者先覩爲快，亦便分年納價，使購者舉重若輕，其善七矣。自古藝林學海，奚止充棟汗牛，今兹所收，不無遺漏，假以歲月，更當擇要嗣刊，至於別裁僞體，妙選佳槧，亦既盱衡時世之所宜，屢訪通人而是正，未嘗率爾以操觚，差可求諒於當世邦人君子。或欲坐擁書城，或擬宏開邑館，依此取求，庶有當焉。王秉恩、沈曾植、翁斌孫、嚴修、張謇、董康、羅振玉、葉德輝、齊耀琳、徐乃昌、張一麐、傅增湘、莫棠、鄧邦述、袁思亮、陶湘、瞿啓甲、蔣汝藻、劉承幹、葛嗣浵、鄭孝胥、葉景葵、夏敬觀、孫毓修、張元濟同啓。

繆筱珊先生提倡最先，未觀厥成，遽歸道山，謹志於此，以不没其盛心〔一〕。

【校勘記】

〔一〕重印本文末有「己未十月」字。

四部叢刊例言

昔曹石倉學佺有言，釋、道二家彙刻經典累數萬卷，名爲《藏經》，至於儒家，獨付闕如，誠爲恨事。張文襄之洞勸人隨舉《書目答問》中一類刊成叢書，以便學者。二公鋭意及此，迄未成事。敝館竊以昌明國故，端賴流布古書，築涵芬樓，廣收善本，海内賢達勉以流通，不吝借瓻之助，期成集腋之功，故不辭力小任大之譏，毅然圖始。區區用意，學者諒之。

彙刻群書，先宜決擇。是編衡量古今，斟酌取捨，幾經詳審，始得成書。蓋於存古之中，兼寓讀書之法，不第如顧千里所云「叢書之意在網羅散佚」而已。

明世彙刻，如祁承㸁《淡生堂餘苑》、吴琯《古今逸史》，莫不標異立名，强分種類，如「經餘」「史餘」「合志」「分志」等目，終非簿録之恒言，難作刊書之典要。今依張海鵬《墨海金壺》之例，僅以經史子集爲綱領，其次第則依《四庫全書提要》，《四庫》分類時有失當，兹不復有所出入，從人人習見也。

左圭《百川學海》别分卷第，毛晉《津逮祕書》强立集名。夫彙刻群書，述而不作，則分卷分集，似皆可已，今故不取。

古書記載行款，濫觴於明季，孫從添《藏書紀要》亦鄭重言之，其後黄丕烈、孫星衍、顧廣圻諸人尤斷斷於此。近日楊守敬取宋元明板及古鈔本書，每種刻一二葉，爲《留真譜》，可以知墨板之沿革、槧法之良窳，例至善也。是編竊師其意，悉從原書影印。一存雖無老成，尚有典型之意；一免書經三寫，改魯爲魚之訛。即影印縮小，取便巾箱，必將原板大小寬狹准工部尺，詳載卷首，以存古書面目。

兹編所録，有宋元明初舊刻本，有名家影寫宋元本。至如名人校本，有益本書，實非淺鮮，附印卷後，爲校勘記。或有硃、墨兩筆校者，則用套板印法，以存其真。

四部之書，浩如煙海，兹編乃述其急要者登之。經部漢、宋學派分途，宋有《通志堂經解》《經苑》，漢有《皇清經解》《皇清經解續編》等書，久已家藏户遍。兹恐挂一漏萬，概不泛收。史則正史、編年、地理外，取别、雜、傳、載之最古者。子則九流十家，取其古雅而非出僞託者。詩文集則取其已成宗派者如漢魏六朝，初唐四傑，李杜、韓柳、元白、温李、皮陸，宋之歐、梅、蘇、黄、朱、陸、陳、葉、范、陸、真、魏，金之遺山，元之虞、楊、范、揭，明之宋、劉、陽明、唐、歸，或詩或文，或理學，支分派别，門户高張，今但取其初祖二三家，以概餘子。

算學、兵書、醫經，在古人爲專門之學，在今日有專科之書，作者層出不窮，後來或更居上。今但取其初祖數種著録，以爲學者導源星宿之資，亦兼取其文辭典奥瑰奇者，足以沾溉後學。采録雖簡，引伸無窮，雖非窺豹全班，要可嘗鼎一臠，非漏略也。

史部中之《通典》《通志》《通考》，類書中之《太平御覽》《册府元龜》，集部中之《全唐文》《全唐詩》，皆以卷帙繁重，自宜别印單行，故兹編概不闌入。

史部藝文、經籍諸志，以及古今官私書目，所以辨章古今之學術，稽考典籍之存亡，他日擬彙集諸家藏書記目、題跋之屬，别爲一編單行，故兹於書目不録一部。金石一類，亦取此例。

古書非注不明。然如裴松之之注《國志》，李善之注《文選》，古今能有幾家？兹編所録各部，如非宋元以前人舊注，凡近人注本，概不輕用。

宋元舊刻，固盡善盡美，但閲世既久，非印本模糊，即短卷殘葉，在收藏家固不以爲病，而以之景印，則多遺憾。明嘉隆以前，去宋元未遠，所刻古書，儘多善本，即顧亭林亦不菲薄之，況今又閱三四百年，宜求書家珍如拱璧矣。兹之所採，多取明人覆影本，取其字跡清朗，首尾完全，庶學者引用有所依據，非有宋元本而不貴，貴此虎賁中郎也。

板本之學，爲考據之先河，一字千金，於經史尤關緊要。兹編所采録者，皆再三考證，擇善而從。如明徐氏仿宋刻本《三禮》、明人繙宋岳珂本《九經》，徐刻《周禮》不如岳本之精，岳刻《儀禮》又不如徐本之善，皆非逐一細校，不能辨其是非。其他北宋本失傳之書，賴有元明人翻本，轉出南宋本之上者，若僅以時代先後論之，則不免於盲人道黑白矣。兹編於此類頗用苦心，非泛泛侈言存古也。

書無論鈔刻，雖大體完善，欠葉闕文，總不能免。今兹所依，舠多古本，影印之際，不加參訂，則郭公夏五，所在皆是，學人得之，殊費推尋。故每印一書，恒羅致多本，此殘彼足，藉得補正。實在諸本並闕，無可取證者，則疑以傳疑，未敢妄作，尚希同志鑒此苦衷。

明祁承㸁《藏書約》論鑒書云「垂於古而不可續於今者，經也。繁於前代而不及於前代者，史也。日亡而日佚者，子也。日廣而日益者，集也」，諒哉言乎！兹編所録，集部較多，初本斷自朱明，不涉近代。繼思有清一朝文學，實後進之津梁，張公之洞有言，讀書門徑，必須有師，師不易得，即以國朝箸述名家爲師。兹之採及近人，亦猶張公之意也。書囊無底，昔人所嘆。目中注擬用某本者，以未得愜心之本，姑爲虛左之待。海内同志以所見聞惠而示我，得成定本，不勝幸甚！引用諸本出於借印者，敬援漢人刻名碑陰之例，著藏家姓氏於目中及本書之首，以不没諸君嘉惠之盛心焉。

上海商務印書館謹啓

周易十卷　二册　上海涵芬樓藏宋刊本

魏王弼晉韓康伯注　《略例》王弼撰　唐邢璹注

卷首題「周易上經乾傳第一」，次行低七格題「王弼注」。每葉二十行，行大字十六，小字廿四。四周雙邊，上魚尾上雙行記大小字數，下魚尾下記刻工姓名，卷末各記經注字數，不附釋文。「殷」「匡」「貞」「徵」「桓」「媾」「姤」「敦」等字，皆爲字不成。宋時補版居十之六七，悉於版心記云「某歲重刊」或「重刁」，惟卷一第十六葉云「開禧乙丑重換」，知爲寧宗時所補。由此推之，記「壬戌」者爲嘉泰二年，記「壬申」者爲嘉定五年，俱寧宗年號。元刻字畫極精，有北宋遺風。補葉較遜，當是宋季得南宋初年雕版補印者。今元刻亦避「敦」字，其爲後來追改無疑，不然，豈有寧宗初年刻本，曾不數年而已煩補版耶？卷五第十五葉刻工爲「巴川□郁」，豈即岳氏《九經三傳沿革例》所稱「蜀學重刊大字本」耶？宋刻存上、下經，《繫辭》以下皆影寫。此本阮文達未見，足補《校勘記》之未及者甚多。《周易》單注本絕少宋槧，此誠經部之甲觀矣。有玉蘭堂、季滄葦等圖記。

尚書十三卷　二册　烏程劉氏嘉業堂藏宋刊本

漢孔安國傳

首行題「監本纂圖重言重意互注點校尚書卷第幾」，次行頂格題「堯典第一」，越三格題「虞書」，又越三格題「孔氏傳」。每葉二十行，每行大十八字，夾注二十四字。上下小黑線。「匡」「讓」「恒」「慎」「敦」皆闕筆。每葉左方闌外標篇名，「重言重意互注釋文」皆用單線別之。經文均與唐石經、宋相臺本合。雕鏤精雅，通體完善，單注本之致佳者。有藝風堂印記。

毛詩二十卷　四册　常熟瞿氏鐵琴銅劍樓藏宋刊巾箱本

漢毛亨傳　鄭玄箋

第一卷首行題「毛詩卷第一」，第二行低二格題「唐國子監博士兼太子中允贈齊州刺史吳縣開國男陸德明釋文附」，分列二行。第四行題「周南關雎詁訓傳第一」，另行低一格題「毛詩國風」，另行仍低一格題「鄭氏箋」。别卷無陸德明銜名，餘悉同前。每葉二十行，行大十七字，小二十二字，所音經注字皆作白文。宋諱「匡」「殷」「桓」「覯」「慎」等字有闕筆。經注佳處多與唐石經合。有于氏小謨觴館、汪閬源等印記。

周禮十二卷　六册　長沙葉氏觀古堂藏明翻宋岳氏刊本

漢鄭玄注

每卷題「周禮卷第幾」，次行頂格書篇名，下空五格題「鄭氏注」。「釋文」以圈隔之。通體有句讀。左闌外有耳，欵式均與武英殿所翻岳本《五經》同。

儀禮十七卷　五册　長沙葉氏觀古堂藏明徐氏翻宋刊本

漢鄭玄注

每卷大題在下，小題在上。卷末記經注字數，與宋嚴州小字本同。此大字本，尤可悦目。徐氏重刊宋本《三禮》，惟《儀禮》最善云。

纂圖互注禮記二十卷 五册 上海涵芬樓藏宋刊本

漢鄭玄注

卷首第一行題「纂圖互注禮記卷第幾」，第二行篇名頂格，第三行經名低三格。前列「禮記舉要圖」十五幅。每葉二十四行，行大字廿一，小字廿三、四、五不等。魚尾下標記「幾」。「重意」「重言」均從白文，「釋文」以圈隔之。每葉闌外有耳，記篇名、卷數、葉數。《禮記》單注本，阮文達未見宋刻。此本宋槧宋印，惟卷一前半鈔補，餘皆完善。錢夢廬、李申耆、張芙川有跋。

春秋經傳集解三十卷 六册 玉田蔣氏藏宋刊巾箱本

晉杜預集解

每卷題「春秋經傳集解某公第幾」，次行低十格題「杜氏」，空二格「盡幾年」。每葉二十六行，每行大小均二十四字，白口，中縫下方記刻工姓名。「釋文」與注聯接，惟于本文加圈識之。避宋諱至「慎」字止。行密字展，通體清朗，宋槧之極精者。「昭二十年衛侯賜北宫喜謚」，注「皆未死而賜謚及墓田」，他本皆脱「未」字，此本有之。其餘佳處極多。阮文達作《校勘記》，未見此本。前附闕名《春秋二十國年表》一卷〔一〕。有玉林堂、曲阿孫氏、季滄葦等印記。

【校勘記】

〔一〕重印據海鹽張氏涉園藏宋阮仲猷刊本補杜預前序，又據明覆宋阮仲猷刊本補杜預後序。

春秋公羊經傳解詁十二卷　三册　常熟瞿氏鐵琴銅劍樓藏宋建安余氏刊本

漢何休解詁

每卷題「春秋公羊經傳解詁某公第幾」，次行低五格或七格題「何休學」。前有何氏序，後有紹熙辛亥孟冬朔日建安余仁仲題識六行。卷後皆記經、注、音義字數。一、二、四、六、七、八、十一、十二卷後有「余氏刊於萬卷堂」，或「仁仲比校訖」字樣。每葉二十二行，每行大字十九惟序每行十八字，小字二十七，黑綫口。「殷」「匡」「貞」「桓」「完」「慎」等字皆闕末筆。此本道光中江都汪氏有重開本。邵陽魏彦據以校勘，謂與阮文達《校勘記》所舉之鄂州本同，最爲精美。其實勝鄂本處甚多，詳見瞿氏《藏書志》。魏氏未見宋槧，故云然爾。有黄蕘圃跋。有季滄葦、文登于氏、黄蕘夫、汪閬源印記。

春秋穀梁傳十二卷　二册　常熟瞿氏鐵琴銅劍樓藏宋建安余氏刊本

晉范寧集解

此亦余氏萬卷堂本，欵式與《公羊》同。宋本存卷七至十二。闕卷以黎氏翻本補之，精審下真蹟一等耳。有汪閬源印記。

孝經一卷　一册　江陰繆氏藝風堂影宋鈔本

唐玄宗皇帝御注

每葉十六行，每行大小均十七字。崑山徐氏影鈔相臺岳氏本，極精。有傳是樓印記。

論語集解十卷　二册　長沙葉氏觀古堂藏日本正平刊本

魏何晏等集解

首載孫邕等《奏進論語集解序》。卷數、葉號標于摺口左方或右方，而無中縫，知從古卷子本出。經文多與今本不同。左闌外間有記刻工姓名者《古逸叢書》本無之。每卷記經、注字數，卷末兩行題「堺浦道祐居士重新命工鏤梓，正平甲辰五月吉日謹誌」。按道祐居士，足利義氏之四子，後入堺浦西本願寺爲僧。正平甲辰當元順帝至正二十四年也。有顧千里印記。

孟子十四卷　三册　清内府藏宋刊大字本

漢趙岐注

卷首皆題「孟子卷第幾」，下空五格題「趙氏注」。每葉十六行，行大十六字，夾注二十一字，白口單邊，魚尾下記刻工，皆「闗西」「王朋」名氏，想全書刊成均出二人之手，亦宋板之僅見者。卷中「玄」「殷」「讓」「恒」「畜」「樹」「豎」「搆」「慎」等字，皆闕末筆。「章指」及「篇敘」均完善無闕。元至正中爲松江儒學官書，後入梁蕉林家。孔葒谷校刊《孟子》，從蕉林之孫借而未得。今去葒谷二百年，居然影印流通，洵藝林之盛事矣。

爾雅三卷　一册　常熟瞿氏鐵琴銅劍樓藏宋刊本

晉郭璞注

首載郭序，卷首皆題「爾雅卷幾」，次行低八格題「郭璞注」。每卷前標篇目。每葉二十行，行二十至二十三字不等，注每行三十字。缺筆至「遘」字止，尚是南渡初年刻本。卷末總計經若干字、注若干字。注中有「音某」者，完善未删。「釋文」附各卷後，不與經注相屬。《爾雅》單注本世傳吴玄恭本爲最善，此本勝于吴本處甚多。《鐵琴銅劍樓書目》詳記其異同，足補阮氏《校勘記》之未及。有顧千里手跋。有朱子儋、汪閬源印記。

京氏易傳三卷　一册　上海涵芬樓藏明天一閣刊本

漢京房撰

京氏原書八十九篇，今僅存三卷。此天一閣本爲最古，非程榮本可比。

尚書大傳五卷叙録一卷　二册　上海涵芬樓藏陳氏原刊本

漢伏勝撰　鄭玄注　清鄭[一]壽祺輯

《尚書大傳》宋世已無完本，迄明遂亡。清時輯本有孫晴川、盧雅雨、孔叢伯三家，皆不免舛譌，惟閩縣陳恭甫本爲完善。今據《左海全書》本印行。《古經解彙函》重刻本併爲三卷，非其舊矣。

【校勘記】

〔一〕「鄭」，應作「陳」。

詩外傳十卷　二册　上海涵芬樓藏明沈氏野竹齋刊本

漢韓嬰撰

前有至正十五年曲江錢惟善序，通體皆題「詩外傳」，無「韓」字。有吴郡沈辨之「野竹齋校雕」篆文木記。沈辨之名與文，號姑餘山人，生明嘉靖間。《孫祠書目》以爲元刻，蓋見此記在錢序後，遂未詳考耳。

大戴禮記十三卷　二册　無錫孫氏小淥天藏明袁氏嘉趣堂本

漢戴德撰　周盧辯注

前有淳熙乙未潁川韓元吉序，云「以范太史家本刊，置建安郡齋」。嘉靖癸巳，吴郡袁氏嘉趣堂據以重雕，爲《大戴記》致佳之本，孔廣森《補注》所云「宋本」即此。每葉二十行，行十八字，目連正文，宋諱缺筆。

春秋繁露十七卷　二册　上海涵芬樓藏武英殿聚珍版本

漢董仲舒撰

是書宋時已闕三篇，明人刊本又闕第五十篇，其餘闕文譌字，不可勝舉。惟《永樂大典》所收尚是宋樓鑰校刊善本。館臣詳爲勘訂，《提要》稱「神明焕然，頓還舊觀」，可知其佳矣。

經典釋文三十卷校勘記三卷　十二册　上海涵芬樓藏校本

唐陸德明撰

《經典釋文》以葉氏影宋寫本爲最佳，惜《通志》《抱經》兩家皆未能依以校刊。今據通志堂本影印，别録諸家校宋爲《札記》。宋本以闕筆考之，知刻于南宋時，《尚書》《孝經音義》已有竄改，惟《毛詩》本於北宋，卷後有乾德、開寶間名銜一十九行，徐、盧兩刻移置《爾雅》之後，似全書皆出北宋刻矣。即此一端，校本之佳已可槩見。

方言十三卷　一册　江安傅氏雙鑑樓藏宋刊本

漢揚雄撰

首題「輶軒使者絶代語釋别國方言第幾」。前載郭璞序及宋慶元庚申李孟傳、朱質刻書兩跋。書中避諱至「廓」字止。每葉十六行，行大小均十七字，雙邊，白口，上魚尾上雙行記大小字數，下魚尾下記刻工姓名。《讀書敏求記》云「舊藏宋刻本《方言》，牧翁爲予題跋，紙墨絶佳，後歸之季滄葦」，即此本也。有朱大韶、季滄葦等印記。

釋名八卷　一册　江南圖書館藏明翻宋書棚本

漢劉熙撰

每葉二十行，行二十字。劉序後有「臨安府陳道人書籍鋪」識語四行。前載嘉靖甲申儲良材重刊序，謂「得是書於晉中，因託呂太史仲木校正，付太原黄守刊焉」，所據蓋宋本也。

説文解字三十卷標目一卷　四册　日本岩崎氏静嘉堂藏北宋刊本

漢許慎撰　宋徐鉉等補注

此本「恒」「貞」等字皆不闕筆，蓋北宋真宗時鏤版，大徐本第一刻也，間有南宋補葉，版心標出「重刊」二字，「慎」字亦缺末筆。舊藏青浦王蘭泉家，後歸士禮居，《百宋一廛賦》著録有阮文達分書手跋，平津館本即從此出。孫氏序謂「依其舊式，不敢妄改」，今以宋本核之，殊不盡合。蓋書經重刻，必致貽誤。今以原槧攝影付印，固自絲毫不走也。每葉二十行，每行大十九字，小二十七八字。

説文繫傳通釋四十卷　八册　烏程張氏適園藏述古堂影宋鈔本

南唐徐鍇撰

《通釋》卷首均題「説文解字通釋卷第幾」，第二行低四格題「繫傳幾」，第三、四行題「文林郎守祕書省校書郎臣徐鍇傳釋」「朝散大夫行祕書省校書郎臣朱翶反切」。每葉十四行，行大十一字，小二十二字。中縫下方逐葉有「虞山錢遵王述古堂藏書」一行，《讀書敏求記》中物也。卷末有熙寧己酉冬蘇子容題云「舊闕二十五、三十共二卷，俟别求補寫」。此本卷三十不闕，卷二十五相承以大徐本補之。《繫傳》刊本以壽陽祁文端本爲最善，祁本出於顧千里影宋鈔本，不如此本傳自述古，遠有端緒也。有郁泰峰印記。

大廣益會玉篇三十卷附玉篇總目偏旁篆書之法一卷　三册

建德周氏藏元刊本　《總目》上元宗氏藏宋刊本

梁顧野王撰　唐孫强增加　宋陳彭年等重修

首有大中祥符六年牒文，次野王序，次「進玉篇啓」，目録後有鼎形木記，中有篆書「宗文」二字，下有「建安鄭氏鼎新繡梓」木記。每葉廿六行，每行大字十九。分卷及字句與澤存堂本不同。上元宗氏藏宋刊篆文目録八葉，即高均儒《續東軒集》所記者。宋元明刊《玉篇》目録皆無篆文，今附印卷尾，以見《玉篇》原本次第，固不失許氏始一終亥之舊也。

廣韻五卷　五册　海鹽張氏涉園藏宋刊巾箱本

宋陳彭年等重修

《廣韻》著録家未見宋本，此宋刊巾箱本字畫清朗，槧印俱精。兹依原本尺寸影印，絲毫未減。每葉二十行，行大十五字，小廿四字，白口雙邊，中縫標「韵幾」，下記刻工姓名，每韵不另起，以魚尾隔之。避宋帝諱至「眘」字止。間有闕葉，聊以澤存堂本補足。

二十四史

史記一百三十卷　晉裴駰集解　唐司馬貞索隱　張守節正義

漢書一百二十卷　漢班固撰　唐顔師古注

後漢書一百二十卷　宋范曄撰　唐章懷太子李賢注　《志》晉司馬彪撰　梁劉昭注

三國志六十五卷　晉陳壽撰　宋裴松之注

晉書一百三十卷　唐太宗御撰　何超音義

宋書一百卷　梁沈約撰
南齊書五十九卷　梁蕭子顯撰
梁書五十六卷　唐姚思廉撰
陳書三十六卷　唐姚思廉撰
魏書一百十四卷　北齊魏收撰
北齊書五十卷　唐李百藥撰
周書五十卷　唐令狐德棻撰
隋書八十五卷　唐魏徵撰
南史八十卷　唐李延壽撰
北史一百卷　唐李延壽撰
舊唐書二百卷　晉劉昫撰
新唐書二百二十五卷　宋歐陽修、宋祁撰
舊五代史一百五十卷目録二卷　宋薛居正撰

新五代史七十五卷　宋歐陽修撰　徐無黨注

宋史四百九十六卷　元脱脱撰

遼史一百十六卷　元脱脱撰

金史一百三十五卷　元脱脱撰

元史二百十卷　明宋濂撰

明史三百三十二卷目録四卷　清張廷玉撰

已上廿四史，共七百十一册。

《二十四史》皆武英殿本。乾隆四年武英殿校刊《十三經》畢，乃援宋監「顧兹三史，繼彼六經」之語，開雕全史。其目次爲《史記》《漢書》《後漢書》《三國志》《晉書》《宋書》《南齊書》《梁書》《陳書》《魏書》《北齊書》《周書》《隋書》《南史》《北史》《舊唐書》《新唐書》《五代史》《宋史》《遼史》《金史》《元史》凡二十二史。中縫魚尾上右方題「乾隆四年校刊」。每卷皆有《考證》。《遼》《金》《元》三史别附《國語解》。《明史》雕成在先，中縫不記刊行年歲，亦無《考證》。乾隆三十七年《四庫》館開，從《永樂大典》中輯得薛居正

《五代史》，四十七年校畢投進，四十九年鏤板。首列多羅質郡王等表文。《欽定四庫全書》以此列入正史，與二十二史、《明史》合爲「二十四史」。光緒間上海同文書局翻印全史，所據乾隆四年本固無《舊五代史》，又未見乾隆四十九年殿本，輒依殿板行欵，别寫一通，版心亦題「乾隆四年」。書估無識，有如此者。今全書據四年初印本影印，《舊五代史》亦據四十九年殿本，精審非他本可及。

竹書紀年二卷　一册　上海涵芬樓藏明天一閣本

梁沈約注

洪筠軒謂注從《宋書》鈔出。此題「沈約附注」，加一「附」字，亦自有見。

前漢紀三十卷　六册　無錫孫氏小緑天藏明翻宋本

漢荀悦撰

前載荀悦序，及嘉靖戊申黄姬水《刻兩漢紀序》，蓋據雲間朱氏藏宋紹興本重開。每葉二十二行，行二十字。

後漢紀三十卷　六册　無錫孫氏小緑天藏明翻宋本

晉袁宏撰

首載袁宏序。欵式與《前漢紀》同。卷末有汝陰王銍序。兩《紀》自南宋初年刻于錢塘後，未經重刻。弘治中，涇陽吕氏僅刻《前漢》而無《後漢》。荀、袁二《紀》，當以此本爲最古。

資治通鑑二百九十四卷　八十册　上海涵芬樓藏宋刊本

宋司馬光撰

每卷首行題「資治通鑑卷第幾」。第二、三行空一格題銜名，其官位隨卷不同。第四行低三格題「某朝紀」，小字注曰「起某某盡某某凡幾年」，用太歲名。第五行低四格題「某帝」。每葉二十二行，每行二十一字，中縫上方記字數，下方記刻工姓名。卷首載御製序。卷末列總目、進書表、獎諭、詔書，及元祐元年杭州鏤版時校對銜名十三行、紹興二年下紹興府餘姚縣刊板時銜名六行、校勘監視人銜名二十八行。書中闕筆至「構」字止，則此即紹興重刊本矣。首尾完善，閒有闕葉，假常熟瞿氏鐵琴銅劍樓宋本補足。有盧文弨、汪閬源印記。

資治通鑑考異三十卷 六册 上海涵芬樓藏宋刊本

宋司馬光撰

結銜題「端明殿學士兼翰林侍讀學士大中大夫提舉西京嵩山崇福宫上柱國河内郡開國公食邑二千六百户食實封壹阡户臣司馬光奉敕編集」。每葉二十二行，行大二十字，小二十三字，小黑口，上下雙魚尾。宋諱如「玄」「弘」「匡」「胤」「殷」「朂」「頊」「樹」「讓」「貞」「徵」「鏡」「敬」「朗」「桓」「慎」「炅」「敦」「郭」等字，皆闕末筆。明孔天允本《考異》已爲難得，矧宋刻耶！

資治通鑑目録三十卷 十册 上海涵芬樓藏北宋刊本

宋司馬光撰

首題結銜，各卷不同，是温公隨編隨刻之書。表式行數、字數不等。序八行，行字不等。白口單邊，版心有刻工姓名，而不記字數。宋帝諱如「殷」「敬」「鏡」「玄」「弘」「貞」「徵」「讓」「項」「樹」「桓」「完」等字均缺筆。字畫秀挺，北宋本之至精者。紙背有「君猷」二字篆文朱記，以《天禄琳瑯》所記《唐書》紙背「武侯之裔」朱記例之，則此亦北宋造紙家也。紙背朱文，影印本已不能見，兹并及之，以存其真。

稽古録二十卷　三册　上海涵芬樓藏明刊本

宋司馬光撰

前有「進稽古録表」，後題「正議大夫守尚書左僕射兼門下侍郎上柱國河内郡開國公食邑四千一百户食實封一千五百户臣司馬光上進」。又「朱文公與鄭知院書」，及「朱文公語録」一則。無刻書序跋，疑即《邵目》所云「天一閣刻本」也。

資治通鑑外紀十卷〔一〕 目録五卷　五册　上海涵芬樓藏明刊本

宋劉恕撰

《外紀》無舊刻流傳，此明季刊本，取宋版《外紀撮要》勘之，尚無差異，在璜川吴氏本之上。

【校勘記】

〔一〕原作「八卷」，誤，影印底本正文實爲十卷，據此徑改，重印本已改。

資治通鑑釋文三十卷　五册　烏程蔣氏密韵樓藏宋刊本

宋史炤撰

每卷第一行題「資治通鑑釋文卷第幾」，次行低六格題「右宣義郎監成都府糧料院史炤」。有紹興三年緡雲馮時行序。魚尾上記字數，黑綫口。舊藏平江黄氏，《百宋一廛賦》「見可釋鑑，音訓是優，行明字纑，終卷無脩」，取證此本，良非虚語。有「百宋一廛」印記。

通鑑紀事本末四十二卷　四十二册　上海涵芬樓藏宋刊本

宋袁樞撰

書凡一百三十九篇。温公之書，以編年爲宗，此以比事爲體。淳熙初，嚴州刊小字本。寶祐丁巳，趙與簒以嚴州本字小且譌，易爲大字，出私錢刊于湖州，即此本也。宋槧宋印，神明焕然，非元明遞修本可比。每葉二十二行，行十九字。闕卷以京師圖書館所藏者補之，亦宋槧宋印本也。卷一後有楷書木記云，「先人遺囑：凡書決不可借人及私取回家，致以散失，違者以不孝論。此我高祖雲山府君書樓遺囑也，大父六松府君表而出之，子孫當世守勿失可也。孫男見榮薫沐百拜識」。按雲山，明蘭谿黄樓自號，富收藏，構書樓于宅旁望雲山，見《光緒蘭谿縣志》。

逸周書十卷　一册　江陰繆氏藝風堂藏明嘉靖癸卯刊本

晉孔晁注

前有至正甲午黄玠序，蓋元時四明郡齋重刊宋嘉定間丁黼本，此又明嘉靖癸卯章檗重刊至正本也。每葉十八行，行二十字。《周書》刻本類脱卷七《王會解》中「卜人」至「鍾牛」二十行，此本不闕。

國語二十一卷　四册　杭州葉氏藏明嘉靖翻宋本

吴韋昭注

《國語》自士禮居影刻宋天聖明道本，宋公序本遂微，兩本互有短長，實未可甲彼而乙此。此明重刻公序本，序後有「嘉靖戊子吴郡後學金李校刊于澤遠堂」一行。宋諱並闕筆。每葉二十行，行大小均二十字。舊爲盛伯羲藏書。卷首有題字。

戰國策校注十卷　八册　江南圖書館藏元至正刊本

元吴師道注

卷首題「戰國策西周卷第一」，次、三兩行題「縉雲鮑彪校注」「東陽吴師道重校」。每葉二十二行，行大小皆二十字。吴氏校正字與注中「正曰」「補曰」，皆作白文。每段首行頂格，餘皆低一字。第三、四、五、六卷末有「至正乙巳前藍山書院山長劉鏞重校刊」一行。第八、九、十卷末有「平江路儒學正徐昭文校勘」一行。明刊本注多節删，惟此尚爲吴氏元書。

晏子春秋八卷 二册 江南圖書館藏明活字本

不著撰人

此本《别録》前有都凡，每篇有章次題目，《外篇》每章有定著之故，悉復劉向之舊。每葉十八行，行十八字。中縫題「晏子」二字，不記卷數。嘉靖中翻刻本卷八末葉有闕，此本獨完。有馬笏齋藏印。

古列女傳七卷續一卷 三册 長沙葉氏觀古堂藏明刊本

漢劉向撰

前列嘉祐八年王回序及曾鞏序、蔡驥跋。傳後有圖畫，人物生動，當出名手，字亦有松雪意。《續》一卷，不著撰人。

五朝名臣言行録十卷三朝名臣言行録十四卷　十四册　海

鹽張氏涉園藏宋刊本

宋朱子撰

世行《名臣言行録》皆與李幼武《續録》并爲一書。陳均《編年備要》引用書名即然，是朱子單行之本，宋季已罕傳矣。惟《直齋書録》載《八朝名臣言行録》二十四卷，爲著録家所僅見。不意七百年後重見此本，取校洪瑩仿宋刊本，方知删削甚多，則此洵爲朱子原書也。前五朝謂太祖至英宗五十五人，後三朝謂神宗至徽宗四十二人，悉與《直齋》所見本合。每葉二十行，行十七字。宋帝諱兼避孝宗潛邸賜名「瑋」字。

吴越春秋十卷　二册　烏程劉氏嘉業堂藏明萬曆刊本

漢趙曄撰

首載徐天祐叙。每葉十六行，行大小均十七字。此與《越絶書》同爲萬曆丙戌武林馮念祖所刊。叙後有牌子。卷十末題「大德十年歲在丙午三月音注，越六月書成刊版，十二月畢工」兩行，「前文林郎國子監書庫官徐天祐音注」一行，及「紹興路儒學校刊」銜名四行，蓋重開大德本也。

越絶書十五卷　二册　烏程劉氏嘉業堂藏明萬曆刊本

漢袁康撰

明刻《越絶書》，陸心源盛稱雙柏堂本。此本行欵及卷中墨釘悉與之同。

華陽國志十卷　三册　烏程劉氏嘉業堂藏明錢叔寶寫本

晉常璩撰

每葉二十二行，行二十一字。明錢叔寶手鈔，工雅之至。宋諱闕筆至「敦」字止。蓋據嘉泰甲子李曁刊本摹寫。明刻俱闕卷十之上、中二卷，近時始有補完本，而皆舛誤不可讀。此出名人手鈔，校勘精詳，洵善本也。有錢穀手鈔、蕉林藏書、繆荃孫等印記。

水經注四十卷　十二册　上海涵芬樓藏武英殿聚珍版本

漢桑欽撰　後魏酈道元注

《水經注》宋時已有殘闕，自明以來譌脱更多。乾隆中，戴東原以《永樂大典》本校之，補其闕漏者二千一百二十八字，删其妄增者一千四百四十八字，正其臆改者三千七百一十五字。道元序亦得補全，命以武英殿活字印行。蓋《大典》所據，猶屬宋槧善本，復經戴氏校訂一過〔一〕，善而又善矣。

【校勘記】

〔一〕「一過」，底本原作「過一」。

大唐西域記十二卷　四册　江安傅氏藏宋刊藏經本

唐釋玄奘譯　辯機撰

此宋理宗嘉熙三年安吉州資福寺〔一〕刊本。《大藏》在「轉」字號。首列燕國公序，卷首皆題「大唐西域記卷第幾」，次、三行低五字題「三藏法師玄奘奉詔譯」「大總持寺沙門辯機撰」。原爲梵夾式，約三十行盡一紙。紙尾記入藏字號及書名。其中字句勝於《明藏》及吴琯本處極多。有飛青閣印記。

【校勘記】

〔一〕「寺」字，底本原脱。

史通二十卷札記一卷　四册　上海涵芬樓藏明張鼎思刊本

唐劉知幾撰

《史通》明嘉靖乙未陸深蜀中刻本，錢曾王已病其脱誤。萬曆壬寅，長洲張鼎思覆刻蜀本，《曲筆篇》增四百三十字，《鑒識篇》增三百餘字，而去其自他篇羼入者六十餘字，稍爲可讀。今復録何義門、顧千里校語爲《札記》云。有孫潛、顧廣圻印記。

孔子家語十卷　三册　江南圖書館藏明刊本

魏王肅注

卷末隸書二行云「歲甲寅端陽望按《雞肋編》，湖北以五月望謂之大端午，此云端陽望，謂五月望也吴時用書，黄周賢金賢刻」。明嘉靖本《野客叢書》《二十六家唐詩》卷末亦有「黄周賢」名，《提要》謂嘉靖時書賈也。

荀子二十卷　六册　上海涵芬樓藏黎氏影宋刊本

周荀況撰　唐楊倞注

首有楊倞《注荀子序》，次目録，接序後。每卷首題「荀子卷第幾，登侍郎守大理評事楊倞注」。卷末有劉向「校正目録上言」，又有王子韶同校、吕夏卿重校銜名，及熙寧元年國子監劄子、官銜十五名，又有唐仲友後序。每葉十六行，每行大十六至十八字，夾注二十二三字。源出監本。淳熙中唐仲發知台州，用公錢雕此及《揚子》，二書爲朱子所按，牽及刻字人蔣輝，今中縫下「蔣輝」之名猶在。宋本藏日本狩谷望之家，黎星使庶昌據影寫本刻之，維妙維肖。

孔叢子七卷　二册　杭州葉氏藏明翻宋本

舊題陳勝博士孔鮒撰

首載嘉祐三年宋咸《進孔叢子表》，次《注孔叢子序》，末有咸熙戊申濡須王藺重刊序。遇宋帝字樣皆提行，源出于宋。每葉十六行，行十七字。中縫不記書名。卷一至四魚尾上題「前」字，五至七題「後」字，葉數排長號。

新語二卷　一册　上海涵芬樓藏明弘治刊本

漢陸賈撰

此弘治間李仲陽得舊本刻于桐鄉者，寫槧甚精。有錢福序、都穆跋。

新書十卷　二册　江南圖書館藏明正德乙亥吉藩刊本

漢賈誼撰

正德九年，長沙守陸相得宋淳熙辛丑提學漕使程公舊版於故櫝中，補刻成書。此正德十年吉府重刻陸相本也。每葉十六行，行十八字。葉數均排長號，中縫不記卷第，但記葉數。有知聖道齋圖記。

鹽鐵論十卷　二册　長沙葉氏觀古堂藏明刊本

漢桓寬撰

每葉十八行，行十八字。源出于宋。書中古字未改，迥出張之象本上。有玉函山房圖記。

新序十卷　二册　江南圖書館藏明刊本

漢劉向撰

目録後接曾鞏序。每葉二十二行，行十八字。錢牧齋謂此明翻宋本之佳者，第未録「劉向校上」一行耳。

説苑二十卷　六册　平湖葛氏傳樸堂藏明鈔本

漢劉向撰

前有曾鞏序，序後接目録及劉向進書狀。每葉十八行，行十五字。明人精鈔本。取校别本，卷四《立節篇》多「尾生煞身以成其信」一句；卷六「陽虎得罪」條多「非桃李也」四字；「晉趙盾舉韓厥」一條下，多「蘧伯玉得罪于衛君」一條。黄蕘圃《題跋記》所云「木門子高」一條，即「蘧伯玉」之後半節，此本亦有。黄蕘圃云「『非桃李也』四字，宋咸淳以下刻本皆闕，惟北宋本有之」。

揚子法言十三卷音義一卷　一册　上海涵芬樓藏影宋刊本

漢揚雄撰　晉李軌注

世行《揚子法言》世德堂五臣音注十卷本，其源出《纂圖互注》，乃宋元間建安書坊中人所爲，併合改竄，皆非復各家面目。嘉慶中，秦敦甫得宋治平二年國子監刊李軌注本，據以影刻，爲《法言》最佳之本，末有《音義》一卷，不著撰人，顧千里謂五代間人所作。

潛夫論十卷　二册　江南圖書館藏述古堂影宋精寫本

漢王符撰

卷端第一行但標「王符」二字，與勞氏丹鉛精舍所藏金本同。目聯正文，一、二、四、六、七、十卷後均有馮巳蒼手跋。有述古堂、稽瑞樓、卧雪廬等印記。

申鑒五卷　一册　江南圖書館藏明嘉靖乙酉刊本
漢荀悦撰
中縫下方題「文始堂」三字。

中論二卷　一册　江安傅氏雙鑑樓藏明嘉靖乙丑刊本
漢徐幹撰
嘉靖乙丑青州知府四明杜思重刻弘治本。卷端有「四明薛晨子熙校正」一行。

中説十卷　一册　常熟瞿氏鐵琴銅劍樓藏宋刊本
隋王通撰　宋阮逸注
前有阮逸序及篇目。每葉二十二行，行大二十字，小二十五字。目後有「隱士王氏取瑟堂刊」一行。「朗」「恒」「徵」「愼」等字有減筆。

孫子集注十三卷　四册　江南圖書館藏明嘉靖乙卯本

注中有曹操、李筌、杜牧、陳皥、賈林、梅臣、杜佑、張預、王晳、何氏、孟氏十家注。《四庫》未録，惟《道藏·太清部》收之。明嘉靖乙卯錫山談愷刊于虔州。收藏家著録者多萬曆本，此刻罕見。

六韜六卷吴子二卷司馬法三卷　三種合一册　常熟瞿氏鐵琴銅劍樓藏影宋鈔本

已上三種，宋與《孫子》《尉繚子》《黄石公》《李衛公問答》合刻，此影宋精鈔本。每葉二十行，行二十字。葉心有字數及刊工姓名。

管子二十四卷　四册　常熟瞿氏鐵琴銅劍樓藏宋刊本

舊題唐房玄齡注《郡齋讀書志》作宋尹知章注。

首列楊忱序，接總目録，又劉向進書表，連接「管子卷第一」，題「司空房玄齡注」。又列卷一之目，後接本文。以後每卷同。卷末有張嵲巨山《讀管子》一首。楊序作于大宋甲申，《讀管子》有「紹興己未從人借鈔」云云，考甲申爲孝宗隆興二年，想鏤版即在其時。每葉二十四行，行二十四字。宋諱「敬」「竟」「鏡」「殷」「匡」「貞」字有闕筆。明趙用賢刻本即從此出，而脱誤甚多。

鄧析子二卷　一册　江南圖書館藏明刊本

周鄧析撰

前有劉歆進書序。每葉二十行，行十九字。近江山劉氏覆宋本「一聲而非罵勿追，一言而忽罵不及」，此「罵」字俱作「駟馬」。宋諱「敬」「慎」「敦」三字皆闕筆，亦原於宋。

商子五卷　一册　上海涵芬樓藏明天一閣刊本

秦商鞅撰

每葉十八行，行十八字。間有作□者，猶存闕文之意，近刻皆去之矣。

韓非子二十卷　三册　上海涵芬樓藏影宋鈔校本

周韓非撰

此述古堂影宋鈔本。每葉二十六行，行二十四字，白口。序文後有一行云「乾道改元中元日黄三八郎印」。黄蕘圃初得是書，詫爲未見，後得宋板，知影寫本尚多筆誤及遺漏之處，乃手自校補。影寫本與宋板不同者七葉，又補寫於後，并摹諸家藏印二葉，宋本面目至此庶無纖毫之失矣。書囊無底，觀此可悟讀書之法。有顧千里、黄蕘圃手跋藏印，並汪氏開萬樓印記。

齊民要術十卷　四册　上元鄧氏群碧樓藏明鈔本

後魏賈勰撰其注不題撰人，據《文獻通考》所載李燾序證之，知爲孫氏所作，其名則不可考矣。

每葉二十行，行大十七字，小二十四五字。「常」皆作「甞」，當出崇禎間人手筆。卷一第一葉「周書」云云，《提要》謂「當作夾注」，此正作夾注。目連正文，皆作單排款式，與日本高山寺藏北宋殘本同，字句亦無大異。葛祐之後序遇「朝廷」字提行，源出于宋。

黄帝内經二十四卷　五册　上海涵芬樓藏明翻北宋本

唐王冰注

每葉二十行，行大二十字，小注三十字。卷末附「音釋」。「玄」「匡」「鏡」「貞」「徵」「恒」「炅」等字皆闕筆。嘉靖庚戌顧從德重刻北宋本也。

靈樞經十二卷　四册　上海涵芬樓藏明趙府居敬堂刊本

不著撰人

版心上方小字偏右題「趙府居敬堂」一行。卷末附「音釋」。首有紹興乙亥史崧序，稱「勒爲二十四卷」，此作十二卷，蓋趙府所并。

難經集注五卷　二册　上海涵芬樓藏日本活字本

周秦越人撰　明王九思集注

卷首題「王翰林集注黄帝八十一難經」，蓋明弘治中王九思等集吴吕廣、唐楊玄操、宋丁德用、虞庶、楊康侯五家之注而成。此書王惟一「釋音」附每卷之後，今諸家注解多不傳，賴此以存。王氏此書，《四庫》及各家書目皆不載，蓋中土之佚久矣。

金匱玉函要略三卷　二册　上海涵芬樓藏明刊本

漢張機撰　晉王叔和集

前有宋高保衡等進書序、明萬曆戊戌徐鎔識。是書本與《傷寒論》合，宋時始分爲二。《四庫》以徐彬注解本著録。此尚是原書也。

注解傷寒論十卷　四册　上海涵芬樓藏明嘉靖乙巳刊本

漢張機撰　晉王叔和編　金成無己注

前有宋嚴器之序、嘉靖乙巳鄭佐序，後有江瓘序。目録後木記兩行云「歙巖鎮汪氏主一齋校刊」。論頂格，注低一字。卷首列《圖解運氣圖》。

脈經十卷　二册　上海涵芬樓藏元刊本

晉王叔和撰

晉太醫令王叔和集歧伯以來，逮於《華陀經論要訣》，合爲是書，《四庫》未録。此元天曆庚午，建安葉日增廣勤書堂刊本，序後有啓七行。總目及每卷首行皆跨行大字題「新刊王氏脈經」，次行小字題「朝散大夫守光禄卿直秘閣判登聞檢院上護軍臣林億等類次」。每葉二十四行，行二十四字。有士禮居印記。

重修政和經史證類備用本草三十卷　十二册　上海涵芬樓藏金泰和甲子晦明軒刊本

宋唐慎微撰

是書有題「大觀本草」者，以卷首有仁和縣尉艾晟序題大觀二年也。此爲金泰和中晦明軒據宋政和六年曹孝忠校本重刊，故以「政和」爲名。據卷首晦明軒碑式牌子，稱「添注藥物異名，改正誤字。己酉年又增入寇氏《衍義》，與舊本頗異，故加『重修』二字以爲別」。宋時刻本三十一卷，目録一卷，此以第三十一卷移於三十卷之前，合爲一卷，故作三十卷也。每半葉十二行，行二十三字。金人槧本難得，此極完善。有季振宜、秀野草堂等印記。

周髀算經二卷　二册　南陵徐氏積學齋藏明刊本

唐李淳風等注釋

此《祕册彙函》翻常熟趙氏本。上卷首題「明趙開美校」，猶在《津逮祕書》本之前。

九章算術九卷音義一卷　三册　上海涵芬樓藏微波榭刊本

魏劉徽　唐李淳風等注釋　李籍音義

武英殿聚珍版本印行者，非原書。微波榭本出汲古閣摹寫北宋本。每卷後附戴東原訂譌、補圖，較聚珍本爲善。

太玄經十卷説玄一卷釋文一卷　三册　上海涵芬樓藏明萬玉堂翻宋本

漢揚雄撰　晉范望注

首載陸績《述玄》，後附王涯《説玄》、林瑀《釋文》。《説玄》末題「右迪功郎充兩浙東路提舉茶鹽司幹辦公事張寔校勘」一行。書中遇「貞」字皆闕末筆，是從北宋本出。每葉十六行，行大小均十七字。中縫下有「萬玉堂」三字，何義門云嘉靖中郝氏所刊。

易林注十六卷　十六册　北京圖書館藏元刊本

漢焦延壽撰李石《續博物志》云「漢崔篆撰」。

每卷首標「易林卷第幾」，次卦名頂格，卦詞低一格，注亦大字，低二格。京師圖書館本闕卷一、二、卷五、六、卷十一、十二、卷十五、十六，假烏程蔣氏密韵樓影元寫本補之。《易林》行世本以士禮居刊陸敕先校宋本爲佳，然無注，又失序目。此皆有之。敕先當時未及舉録，其注自謂「失之一時，奪之千載」，深慨奇書不傳。今得祖本影刊，爲前輩彌此缺憾，殊快事也。

墨子十五卷　四册　上海涵芬樓藏明嘉靖癸丑唐堯臣刊本

舊本題「周墨翟撰」

前有吴興陸穩〔一〕序，稱「别駕唐公視郡，暇訪余於山堂，得《墨子》原本，將歸而梓之」云云。後有南昌唐堯臣跋。每葉十六行，行十七字。明刻《墨子》皆無《經上》《下》及《備城門》等篇，此均有之。卷十三「匡」字注「太祖廟諱」，是源出于宋。

【校勘記】

〔一〕原文作「隱」，誤，徑改。

尹文子一卷　一册　江南圖書館藏明刊本

周尹文撰

前有序，題「漢山陽仲長氏定」，行欵闕筆與《鄧析子》同，當出一刻。

慎子内外篇附補遺逸文校語　一册　江陰繆氏藝風堂薀香簃寫本

周慎到撰

此迻寫明萬曆間慎懋賞刻本，分内、外篇，内篇三十六事，外篇五十事，較《四庫》本、守山閣本均不同。守山閣據《群書治要》《御覽》各書，輯爲「逸文」者，此均有之，實高出各本上。繆氏又從《群書治要》補出二篇，並輯《逸文》，後附《校語》，極爲完善。

鶡冠子三卷　一册　江陰繆氏藝風堂藏明刊本

宋陸佃注

卷下第五葉後，重「又五」半葉，葉盡處注「此下原本即備」，知章無缺，蓋刻成又得善本補入，可知其不苟。

鬼谷子三卷　一册　無錫孫氏小緑天藏乾隆己酉石研齋刊本

梁陶弘景注

石研齋刊《鬼谷子》有兩本，此依《道藏》本。嘉慶戊辰，又以述古堂鈔本重刊。《藏》中古子皆出善本，其流傳亦較嘉慶本爲少也。有藝風堂印記。

吕氏春秋二十六卷　五册　上海涵芬樓藏明刊本

漢高誘注

每卷首列「雲間宋邦乂、張邦瑩、徐益孫、何玉畏校」一行。畢氏經訓堂校刻《吕氏春秋》未見。此本亦明刻之罕見者。

淮南子二十一卷　四册　上海涵芬樓藏影鈔北宋本

漢許慎注

首有《淮南鴻烈解叙》，《叙》後接正文。每卷次行皆低十一格題「太尉祭酒臣許慎記上」。葉二十四行，行大二十一二字，小二十三四五字不等。闕筆至「貞」字。北宋仁宗時刊本也，此從吳縣黄蕘圃藏本橅出，有道光四年陳碩甫跋。

人物志三卷　一册　上海涵芬樓藏明刊本

魏劉劭撰

後有明隆慶六年鄭旻重刻跋，云「真定梁公以善本刻于中州」。

顔氏家訓二卷　一册　江安傅氏雙鑑樓藏明刊本

北齊顔之推撰

首載嘉靖甲申張璧序，謂「《家訓》全帙寡傳，從中秘録得，遼陽傅太平刻于杭郡」，知此亦從宋本出，不必以七卷本爲古也。

白虎通德論十卷　二册　江陰繆氏藝風堂藏元刊本

漢班固撰

目録第二行題「漢玄武司馬臣班固奉詔纂集」。每葉十八行，行十七字。大德九年，李晦以郡守劉平父藏宋監本刊於無錫縣學。首有嚴度、張楷二序。世本多作四卷，此作十卷，與陳氏《書録解題》合。

論衡三十卷　八册　上海涵芬樓藏明通津草堂刊本

漢王充撰

每葉版心下方題「通津草堂」四字，卷末題「周慈寫，陸奎刻」，嘉靖乙未吴郡蘇獻可刊本也。明刻《論衡》以此爲最。惟《累害篇》脱去一葉卷一第八葉第六行起，今從宋本補入，附訂卷一之末。又補元安陽韓性序一首，比元本益爲完善。

風俗通義十卷　二册　常熟鐵琴銅劍樓瞿氏藏元刊本

漢應劭撰

序首二行題「大德新刊校正風俗通義」，「漢太山太守應劭」「大德丁未三衢毛希聖」，與《白虎通》刊於無錫學宮，行欵悉同。有李果、謝居仁刻書序。卷後嘉定庚子丁黼跋，蓋從宋本出也。近南陵徐氏仿刻本於糢糊處皆改作墨釘，今影印本悉仍其舊，廬山真面尚可辨認也。

群書治要五十卷　十六册　上海涵芬樓藏日本尾張刊本

唐魏徵撰

每卷皆題「祕書監鉅鹿男臣魏徵等奉敕撰」，卷前有自序。其書久佚，《四庫》未及著録，惟日本祕府尚藏寫本，彼國元和中當明萬曆時曾以活字印行。此天明七年乾隆五十二年尾張藩刻本也，有朝散大夫國子祭酒林信敬序及尾張國校督學臣細井德氏考例。元闕卷四、卷十三、卷二十。寛政三年乾隆五十六年又有修改本，則不及天明本之善。吾國楊氏連筠簃翻刻者據寛政本，伍氏粤雅堂翻刻者據天明本，而皆删其句點及眉上校語。

意林五卷補二卷逸文一卷　二册　上海涵芬樓藏武英殿聚珍版本

南唐馬總撰

《意林》在宋已不全，《四庫》據天一閣寫本著録，並邀御題，又從嘉靖刻本增戴叔倫、柳伯存二序，從《永樂大典》校正文字，較别本爲完善。别下齋從宋本補卷二缺文、卷六全卷，周廣業輯《逸文》五條，今附刻于後。

西京雜記六卷　一册　江安傅氏雙鑑樓藏嘉靖壬子刊本

漢劉歆撰

每葉二十二行，行二十字。首載嘉靖壬子河汾孔天胤重刻序。

世説新語三卷附校語　三册　上海涵芬樓藏明嘉趣堂刊本

宋臨川王劉義慶撰　梁劉孝標注

卷末有淳熙戊申笠澤陸游跋，蓋放翁守新定時刊《世説》于郡齋。此本陸跋後隔三行記「嘉靖乙未吴郡袁氏嘉趣堂重雕」，蓋袁褧重刻本也，前有刊書序。每葉二十行，行大小均二十字。書中避宋諱甚嚴。《世説》明刊甚多，其注皆經删節，惟此本最完善。雍正中，沈寶硯得宋淳熙十六年湘中刻本以校袁本，吴春生臨之，今録附卷末。有吴嘉泰、吴平齋等印記。

山海經十八卷　二册　江安傅氏雙鑑樓藏明成化庚寅刊本

晉郭璞注

每葉十八行，行大小均十八字。中縫以一之四爲上，五之十八爲下。序後有成化戊子邢讓刻書識語五行。表後又有成化庚寅陳鑑題，云「國學新刊《山海經》，卷葉殽混，行列牽聯，尚多譌舛。今手爲編校，以便檢閲」，則此爲成化庚寅刊正監學本矣。卷中多重葉，殆校正時所補。

穆天子傳六卷　一册　上海涵芬樓藏明天一閣刊本

晉郭璞注

前有至正十年北岳王漸序，蓋從元本出。

唐段少卿酉陽雜俎前集二十卷續集十卷　四册　上海涵芬樓藏明刊本

唐段成式撰

前有萬曆戊申李雲鵠刻書序，云「依趙清常校本刊行」。每葉二十行，行二十一字。《四庫提要》謂「自『志忠』至『肉攫部』凡二十九篇，與段氏自序三十篇者尚闕其一」。此本獨全，《續集》六篇，與胡應麟自《太平廣記》鈔出者不同。

弘明集十四卷　五册　上海涵芬樓藏明刊本

梁釋僧佑撰

每葉二十行，行二十字。魚尾上方粗黑線。卷前有萬曆丙戌汪道昆刻書序。每卷後有「音釋」。

廣弘明集三十卷　十二册　上海涵芬樓藏明刊本

唐釋道宣撰

此亦汪道昆刻本，欵式與《弘明集》同。首有道宣序。分卷與序中所云「《廣弘明集》一部三十卷」者合，惟卷二十七至三十以文繁，分上下卷，《藏》本竟作四十卷，非其舊矣。有何元錫印記。

法苑珠林一百二十卷　三十六册　上海涵芬樓藏明萬曆刊本

唐釋道世撰

中縫上方雙行題「支那選述」。書名葉數均記在中縫長方格内。逐卷皆題施貲人名字，及萬曆某年清涼山妙德菴識語數行，猶存宋時刻經之式。

翻譯名義集七卷　七册　南海潘氏藏宋刊本

宋釋法雲撰

每卷首題「翻譯名義集幾」，次行低三格題「姑蘇景德寺普潤大師法雲編」。卷前載紹興丁丑唯心居士荆谿周敦義序，序後接無機子題詞，即法雲自號也。别有法雲自序，載在卷一正文之前。每葉十行，行二十至二十一字不等。每行梵名作大字單行，釋義作小字雙行。魚尾下標梵語「第幾」，中縫下方記施錢刻經人名，亦有刻于卷末者。「玄」「殷」「敬」「竟」「警」「弘」「讓」「樹」「吉」「桓」「洹」等字皆有減筆。施貲功德主不出吴郡道俗，是此書第一刻也。元大德刊本妄作十四卷，《藏》本因之。此本首三卷由名手鈔補，極精妙。有汪閬源印記。

老子道德經二卷　一册　常熟瞿氏鐵琴銅劍樓藏宋刊本

題河上公章句

前有序及河上公傳。目録後有「建安虞氏刊于家塾」一條。每葉二十行，每行大十七字，夾注二十四字。書中「慎」字闕筆。有葉氏菉竹堂、黄氏士禮居印記。

沖虚至德真經八卷　一册　常熟瞿氏鐵琴銅劍樓藏北宋刊本

晉張湛注

書中「殷」「敬」「恒」「貞」字有闕筆，而「頊」「桓」字不闕，尚是北宋初年槧本。顧千里謂書中所附音乃作注者舊音，核之殷敬順《釋文》所云「一本作某」者皆合，則此本猶在殷氏《釋文》未行以前也。《百宋一廛賦》著録，黄蕘圃有跋。有玉蘭堂、王履吉、毛子晉、季滄葦、徐健菴諸家印記。

南華真經十卷札記一卷　五册　上海涵芬樓藏明刊本

晉郭象注　唐陸德明音義

《莊子》罕見宋刻。嘗見一本，後題「安仁趙諫議宅刊行一樣□子」，尚出北宋初年。

雖闕筆至「遘」字，已經南宋重開，其可校正明刻之誤者甚多。今依世德堂本影印，別録宋本異同爲《札記》。有葉氏菉竹堂印記。

抱朴子内篇二十卷外篇五十卷　六册　江南圖書館藏明嘉靖乙丑魯藩刊本

晉葛洪撰

前列明魯藩務本刻書序，次葛洪自序。中縫上方有「承訓書院」四字。從《道藏》本出，最爲精善。

雲笈七籤一百二十二卷　三十二册　上海涵芬樓藏明清真館刊本

宋張君房撰

首有張君房序，明張萱刊。萱自號「清真居士」，故版心上方有「清真館」三字。卷首標「學幾」，源出《道藏總目》。次行題「張萱補藏本」，無總目也。其書采掇《道藏》精要，述而不作，曰「七籤」者，三洞四輔之目也。《道藏輯要》本不全。

楚辭補注十七卷　五册　江南圖書館藏明翻宋本

漢王逸章句　宋洪興祖補注

《楚詞補注》未見宋刊。此本每葉十八行，行大十五字，小二十字。宋諱闕筆。

蔡中郎文集十卷外傳一卷　二册　上海涵芬樓藏明華氏活字本

漢蔡邕撰

書名、撰人、題目均作大字，正文雙行如夾注，宋槧《曾公類説》亦然。目後有「正德乙亥春三月錫山蘭雪堂華堅允剛活字銅版印行」二行。前有天聖癸亥歐静序。《中郎集》以此本爲最古。有汲古閣、盛伯羲印記。

曹子建集十卷　二册　江安傅氏雙鑑樓藏明活字本

魏曹植撰

明活字本多於板口上方記刊書人名，此本不載，字畫洒脱，乃活字本之至精者。每葉十八行，行十七字。無《七步詩》，與瞿氏宋本合。

嵇中散集十卷　一册　江安傅氏雙鑑樓藏明嘉靖刊本

魏嵇康撰

每卷目連正文，中縫下方有「南星精舍」四字，嘉靖中黄省曾刊行本也。

陸士衡文集十卷　一册　江南圖書館藏明正德刊本

晉陸機撰

每葉二十行，行十八字。目連正文。宋慶元間徐民瞻嘗與《陸士龍文》同刻于華亭，題「晉二俊文集」。此明正德己卯吴士陸元大重開本也。《四庫》未録。

陸士龍文集十卷　二册　江南圖書館藏明正德刊本

晉陸雲撰

款式同《陸士衡集》。卷一後有五行，云「二俊文集，以慶元六年六月既望書成」，縣學職事校正監刊者三員題名于後。

箋注陶淵明集十卷　二册　上海涵芬樓藏宋刊巾箱本

宋李公焕箋

首題「箋注陶淵明集卷幾」，評皆低三字列于每篇之後。每葉十八行，每行大小均十六字，中縫作「陶幾」，或作「詩幾」。宋諱「朗」「真」「貞」「徵」「桓」「恒」「樹」「覯」「慎」等字闕筆，兼避唐諱「愍」字。《桃花源記》「規往」不誤「親往」。首昭明太子序，次總目。卷一之四詩，五之八雜文、傳、贊、疏、祭文，九之十《聖賢群輔録》并顔延年誄、昭明太子《傳》，終以李公焕《總論》。元時繙本款式悉同，惟闕筆字較少，氣味亦自不同。有金元功印記。

鮑氏集十卷　二册　上海涵芬樓藏毛斧季校宋本

宋鮑照撰

每葉廿行，行十六字，小字不等。「殷」「朗」「讓」「貞」「筐」「樹」「亘」「恒」皆爲字不成。「慇」「世」尚襲唐諱。詩賦間有自序、自注，與他集從類書輯出者不同。前載《鮑照集序》，題「散騎侍郎虞炎奉教撰」。毛斧季據宋本手校，改塗筆畫，鈎勒款式，可作宋本觀。今以硃墨套印，無異原迹。末有毛氏手跋云「丙辰七夕後三日借吴趨友人宋本比校一過，扆」。有汲古閣、愛日精廬、席玉照、黄蕘圃等印記。

謝宣城詩集五卷　一册　上海涵芬樓藏明鈔本

齊謝朓撰

每葉廿行，行二十字。明初鈔本，源出于宋。後有紹興丁丑東陽婁炤題。有毛子晉、季滄葦、徐健菴印記。

梁昭明太子文集五卷　一册　吴縣許氏藏明刊本

梁昭明太子撰

前載簡文帝劉孝綽《昭明太子集序》、簡文帝《上昭明太子集别傳等表》，蕭子範《求撰昭明太子集表》。後有淳熙八年袁説友跋，蓋宋時與《文選》《雙字》二書並刻于池陽郡齋，嘉靖乙卯成都周滿與楊慎校正刊于滇中。此本卷首有「大明遼國寶訓堂重梓」一行，則又遼府重刊本也。

梁江文通集十卷校勘記一卷　二册　烏程蔣氏密韵樓藏明翻宋本

梁江淹撰

每葉二十行，行十八字。自序一篇，在十卷後。卷數與《書録解題》合，尚是宋人舊帙。「敬」「鏡」「匡」「恒」「樹」「殷」「貞」「構」等字有闕筆。其字畫與明陸元大所刊《晉二俊文集》《花間集》相似，蓋正嘉間繙宋本也。陸氏《儀顧堂題跋》、莫氏《經眼録》均作南宋書棚本，則此本之罕見可知。別録葉石君校本爲《校勘記》附後，補逸正譌，甚有益於本書。有樸學齋印記。

徐孝穆集十卷　二册　上海涵芬樓藏明屠隆刊本

陳徐陵撰

此與吴兆宜箋注本分卷及序次均不同，前有《南史》本傳及東海屠隆題辭，謂與《子山集》同刻。卷中評點亦出屠氏。

庾子山集十六卷　三册　上海涵芬樓藏明屠隆刊本

周庾信撰

款式與《孝穆集》同。倪璠注本亦作十六卷，惟序次各異。

寒山子詩附豐干拾得詩慈受擬寒山詩　一册　常熟瞿氏鐵琴銅劍樓藏高麗刊本

唐釋寒山子　豐干　拾得撰

前有閭邱胤序讚，後有誰月軒主人玉峰跋。每葉二十行，行十六字。《寒山詩》分七言于五言之外。《三隱集》後，又附宋釋慈受詩一百四十八首、「戒煞偈」十首，皆與他本不同。寒山詩後有「杭州錢塘門裏車橋南大街郭宅紙鋪印行」一行。「音釋」後題「比丘可立募衆刊行」。黄蕘圃跋云「不知此刻果爲何地本」，今以紙墨及卷末施主校證人名考之，則高麗繙宋本，蕘圃所謂「外洋版」者近是。舊缺《三隱集》第七十二三，慈受詩第二十七八之半葉，今從日本翻宋本鈔得第七十二葉之闕文，餘則無從補足。有士禮居、稽瑞樓印記。

王子安集十六卷　四册　江南圖書館藏明刊本

唐王勃撰

王集《文獻通考》作二十卷，至明僅行其詩賦二卷。此明崇禎中漳州張燮輯本，又録

《新》《舊唐書》本傳及遺事爲《附録》，與楊炯、盧照鄰、駱賓王集並刊之，最爲完備。

盈川集十卷　二册　江南圖書館藏明刊本

唐楊炯撰

目録前題「皇明龍游童珮詮次」。珮字子鳴，有集六卷，乃萬曆中書賈也。款式極精雅。

幽憂子集七卷附録一卷　二册　江安傅氏雙鑑樓藏明刊本

唐盧照鄰撰

《唐書》作二十卷，後世僅傳詩賦二卷，此亦張燮輯本。卷一至五賦、詩、騷，卷六至七序、對、問、書、讚、碑，以《新》《舊書》本傳及遺事、集評爲《附録》終焉。

駱賓王文集十卷　一册　上海涵芬樓藏明刊本

唐駱賓王撰

此集明刻有改題「駱丞集」或「靈隱子」者，分卷亦各不同，惟此作「駱賓王集十卷」，與《新》《舊》兩《志》合，最爲近古。闕字仍作墨釘，不同近刻之妄爲填補。

陳伯玉前集五卷後集五卷　三册　秀水王氏二十八宿研齋藏明弘治辛亥楊澄刊本

唐陳子昂撰

卷首題「新都楊春重編，射洪楊澄校正」。每葉二十二行，行二十一字。有張頤序、楊澄後序，蓋澄自中祕録出，弘治辛亥刊于山西，卷數與盧藏用序合。後録《新唐書》列傳及碑祭等文，魚尾下均注「附録」二字。《四庫》據鈔本著録，《提要》稱「第七卷闕兩葉，脱文四首，他卷亦有闕文」，今按此本，《四庫》所脱諸篇具在，惟卷四《爲人謝表》目注二首，今存一首；卷七《餞陳少府序》，目注闕文耳。有胡珽手跋。

張説之集二十五卷　四册　上海涵芬樓藏明嘉靖丁酉刊本

唐張説撰

前有永樂間「濠上貞隱老人伍德記」二首，蓋老人於吴元年手自鈔録，以備流覽，至嘉靖丁酉，其後人刊之於龍池草堂者也。卷一至十，今據汪小米校宋本補闕正譌，附於卷末。

唐丞相曲江張先生文集二十卷附録一卷　四册　南海潘氏藏明成化刊本

唐張九齡撰

首列成化癸巳邱濬刻書序，謂訪求二十餘年，始于閣中鈔得携歸，刻置韶州郡齋。目連正文，奏進詩文兼録批答。後來翻刻皆以此爲祖本，卷末載唐時誥命、碑銘爲《附録》。

分類補注李太白詩集三十卷　十册　蕭山朱氏藏明郭雲鵬刊本

元楊齊賢集注　蕭士贇補注

此從元勤有堂本出。元注太漫，今經郭雲鵬剪裁，較爲簡捷。大字疎行，亦比元刻爲精。目録後有「嘉靖癸卯春元日寶善堂梓行」篆文木記。有秦西岩印記。

分門集注杜工部詩二十五卷　十册　南海潘氏藏宋刊本

卷前列王原叔等叙記、傳讚，次門類、集注姓氏、年譜。每葉十八行，行大二十字，小二十六字。上下黑線口。《集千家注分類杜工部詩》元勤有堂刊行者，題「東萊徐居仁編次，臨川黄鶴補注」，此本無撰人名氏，門類、集注亦與元槧不同。集注姓氏止有徐居仁名，是尚在黄鶴補注之前，誠罕見之祕帙也。有謙牧堂、顧千里印記。

須溪先生校本唐王右丞集六卷　一册　上海涵芬樓藏元刊本

唐王維撰

此即錢牧齋所稱「山中一半雨」見《送梓州李使君詩》本也。每葉十六行，行二十字。須溪評語皆删入當句之下，明人重開本則去其句傍之圈點矣。《唐書》言「維死，代宗訪其文章，維弟王縉表上十卷」，顧千里謂「宋時建昌刻本六卷」，然則此從建昌本出也。

高常侍集八卷　一册　上海涵芬樓藏明活字本

唐高適撰

仲武集他本七絶無《聽張立本女吟》一首，此本有之。每葉十八行，行十七字。

孟浩然集四卷　一册　江南圖書館藏明刊本

唐孟浩然撰

前有天寶四載宣城王士源序，云「其詩凡二百十八首」。九載，沛國郡公韋滔增其條目而爲之序。宋本分上中下三卷，此出後人重編，多詩四十五首。

元次山文集十卷附拾遺　二册　江安傅氏雙鑑樓藏明正德刊本

唐元結撰

明湛若水校，武定侯郭勛編刻。每葉二十四行，行二十字。有正德丁丑湛若水序。今又從《唐音丙籤》補闕文數首，附拾遺後。有盛伯羲印記。

顔魯公文集十五卷補遺一卷年譜一卷行狀一卷碑銘一卷舊史本傳一卷新史本傳一卷　三册　上海涵芬樓藏明刊本

唐顔真卿撰

卷前載嘉靖二年楊一清爲安國刻顔魯公集序、宋劉敞序，後有留元剛序、都穆序。劉敞藏本十五卷，而留元剛所得者僅十二卷，益以補遺、年譜、行狀爲「附録」。明都穆重爲編次，仍作十五卷，以符舊集之數。碑銘、《新》《舊史》本傳，則又穆所附益也，每葉魚尾上有「錫山安氏館」五字。

岑嘉州詩四卷　一册　江南圖書館藏明正德刊黑口本

唐岑參撰

前有楊慎序。後有正德庚辰雲間沈恩刻書跋，謂「岑嘉州詩集凡六卷，予乃縮爲四卷，刊版于蜀」。按岑集宋故有四卷本，沈氏不言所出，明人習氣如此。《四庫》唐人集未收。

皎然集十卷　二册　江安傅氏雙鑑樓藏影宋精鈔本

唐釋皎然撰

題「晝上人集卷第幾」，次行低九格題「吴興釋皎然」。每葉二十二行，行二十字。白口。「慎」字有闕筆，知從宋刻摹寫。前載貞元八年敕浙西觀察使牒湖州文，次朝議郎大夫守湖州刺史于頔序。有汪士鍾印記。

劉隨州詩集十卷外集一卷 二册 上海涵芬樓藏明正德刊本

唐劉長卿撰

前有正德十二年從事郎判隨州陽羨湯鍬重刊序，後有隨州儒學玉山陳清跋。卷一至五中縫皆標「上」字，第二卷中《送河南元判官赴河南勾當苗税充百官俸錢詩》不書「勾」字，注曰「御名」高宗嫌名，是從紹興本出。

韋江州集十卷附録一卷 二册 上海涵芬樓藏明刊本

唐韋應物撰

韋集宋嘉祐間王欽臣編定，而「拾遺」八首則熙寧以後增入，舊本另爲一卷，此附卷末。序傳跋尾，舊本分列本書前後，此别爲一卷。有嘉靖戊申晉陵華雲序，謂「権事江州，歷覽序傳，知韋公曾刺是邦，爰刻是編，俾與彭澤共垂不朽」，則《江州集》之名所由來也。

雕印極精，版心下方有「太華書院」四字。

毘陵集二十卷附録一卷補遺一卷　四册　上海涵芬樓藏趙氏亦有生齋刊本

唐獨孤及撰

孤獨集門人蕭梁編定者。詩三卷，文十七卷。舊本久湮，乾隆中武進趙懷玉據明吴文定抄足本鋟梓，參校精審，《毘陵集》致佳本也。《附録》《補遺》乃趙氏所輯。

錢考功集十卷　二册　上海涵芬樓藏明活字本

唐錢起撰

《郡齋讀書志》題「《錢仲文集》二卷」，明嘉靖刊本作七卷。此明初活字本，每葉十八行，行十七字，邵位西以此本爲最佳。

陸宣公翰苑集二十四卷　四册　江南圖書館藏明不負堂刊本

唐陸贄撰

全集分制誥十卷、奏草七卷、奏議七卷。版心上方題「不負堂」三字，蓋取公「上不負所知，下不負所學」之語，當爲明初陸氏後人所刊，殊罕見也。

權載之文集五十卷　八册　無錫孫氏小緑天藏大興朱氏刊本

唐權德輿撰

權文公手自纂録，制集五十卷，見楊嗣福序。《四庫》著録及明人刻本皆十卷，嘉慶中大興朱文正公珪始得宋槧足本，與彭文勤公元瑞校正刊行，文公全集乃復顯於世。

朱文公校昌黎先生文集四十卷外集十卷遺文一卷　八册　上海涵芬樓藏元刊本

卷首列朱子序，次王伯大序，次李漢序，次汪季路書及編輯凡例。朱子《韓文考異》本別行，王氏取以散入本文，雖非舊觀，良便檢尋。王氏所撰「音釋」亦散入句下《鐵琴銅劍樓書目》謂「王氏『音釋』原附各篇之末，元時坊肆爲之散入句下。嘗見一殘宋本，其『音釋』已疏入句下矣。宋本每半葉十二行，行大小皆二十一字，黑綫口。元本即從此出，惟易其行格耳。此與柳文均不知何人所編，大約元時坊肆所爲」。每葉二十六行，每行大小均二十三字。注引「某云」皆作白文，粗黑線口。李序後有「書林王宗玉謹識」七行，題「歲舍戊辰」，元天曆元年刊本也。

增廣注釋音辨唐柳先生文集四十三卷別集二卷外集二卷

附録一卷　八册　上海涵芬樓藏元刊本

此本款式與《韓集》同，題「宋南城童宗説注釋，新安張敦頤音辨，雲間潘緯音義」。首列陸之淵序，次劉禹錫序。

劉夢得文集三十卷外集十卷　八册　上海涵芬樓藏武進董氏影宋刊本

唐劉禹錫撰

宋槧唐集惟書棚本，偶一見之，他刻罕傳，陳振孫《書録解題》稱「《劉賓客集》原本四十卷，宋初佚其十卷」。宋次道裒其遺詩四百七篇、雜文廿二首爲《外集》，卷數篇目悉與此本合。今通行本雜文二十卷、詩十卷，出于明刻，且先文後詩，不如此本之先詩後文，仍是六朝以來集部體製也。每葉二十行，行二十字。

吕和叔文集十卷附録一卷　二册　常熟瞿氏鐵琴銅劍樓藏述古堂精抄本

唐〔一〕吕温撰

前有彭城劉禹錫序，卷首皆題「吕和叔文集卷第幾」，次行低一格題「朝議郎使持節衡州諸軍事守衡州刺史上騎都尉賜緋魚袋吕温」。左線外有「錢遵王述古堂藏書」八字。《和叔集》皆缺第六、七卷，此本獨完，觀《敏求記》題語，知是從絳雲樓宋本鈔出。

【校勘記】

〔一〕「唐」，原作「序」，誤，徑改。

張司業集八卷　一册　上海涵芬樓藏明刊本

唐張籍撰

《司業集》一名《文昌集》，相傳以明毘陵蔣氏刻本爲善。蔣本出歷陽、盱江二本。正德乙亥劉成德以宋元豐八年本校之，多樂府、古風、近體七十九首，因重刻之。

皇甫持正文集六卷　一册　上海涵芬樓藏宋刊本

唐皇甫湜撰

首列總目，每卷正文前仍列子目。葉二十四行，行二十一字，白口，魚尾下標「正幾」。宋諱「敦」字闕筆。以《直齋書録解題》證之，此南宋蜀中刻本也。首尾葉蓋「翰林國史院官書」長方木印，知元代已重之矣。

李文公集十八卷　二册　江南圖書館藏明成化乙未刊本

唐李翺撰

此成化乙未西蜀馮師虞邵武郡齋刊本，有廣西布政使玉融何宜序，後有景泰乙亥河東邢讓識。此本間有嘉靖乙酉邵武府通判補版，版口有「補」字者是也。《文公集》舊傳一百四首，此本總目注凡一百三首，二首元闕卷九《疏引見待制官》、卷十二《歐陽詹傳》，而卷十五《馬少監墓誌》亦有目無文，實存一百首耳。每葉二十行，行十九、二十字不等，葉數排長號。

歐陽行周文集十卷　一册　平湖葛氏傳樸堂藏明正德刊本

唐歐陽詹撰

每葉二十行，行二十二字，中縫但題「歐陽文集」，不標卷數，葉排長號。首載本傳及李貽孫序。此明正德時重刻弘治十七年莊概本，補《德勝頌》二詩之一，訛字亦多改正。

孟東野詩集十卷　二册　杭州葉氏藏明弘治己未刊本

唐孟郊撰

集分樂府、感興、詠懷、遊適、居處、行役、紀贈、懷寄、酬答、送别、詠物、雜題、哀傷、聯句十四類，又以讚書二系於後。明弘治己未依宋常山宋敏求重編本刊於商州本也。

唐賈浪仙長江集十卷　一册　江南圖書館藏明翻宋本

唐賈島撰

宋書棚本唐人集，皆每葉二十行，行十八字，明人翻本極多。此獨二十行二十字，亦源於宋，較爲少見。

李賀歌詩編四卷　一册　常熟瞿氏鐵琴銅劍樓藏金刊本

唐李賀撰

首京兆杜牧序，次總目。第一凡五十九首，第二凡五十四首，第三凡五十七首，第四凡五十首，均于總目記出。每卷首行皆題「歌詩編第幾」，次行空九字題「隴西李賀長吉題」。空四格，每葉二十行，行二十字，中縫無魚尾，下方有一「王」字，想是刻工之姓。後有丙辰秋日碣石趙衍題云「龍山先生所藏舊本，乃司馬温公物，龍山因之校定，意欲刊行，會病不起，余與伯成緒其志而爲之」。何義門謂「金劉仲尹，字致君，益州人，有《龍山集》」。按《金史》，劉仲尹登正隆進士，以此推之，則丙辰爲章宗永安元年，當宋光宗慶元二年也。賀詩以宋書棚本爲古，此本序次與書棚本不同，字句亦有異處，又比宋本可貴矣。有文休承印記。

沈下賢集十二卷　二册　上海涵芬樓藏明刊本

唐沈亞之撰

前有元祐丙寅闕名序，目連正文，葉排長號。每葉十八行，行二十字，明萬曆中與《吴興三沈集》並刊，源出于宋。沈集刻本當推此爲最古。

李衛公文集二十卷別集十卷外集四卷　六册　常熟瞿氏鐵琴銅劍樓藏明刊本

唐李德裕撰

首有鄭亞序及無名氏後序。編次與晁氏《讀書志》合，出自蜀本。中縫下方有「甲」「乙」等字，以記册數。有古鹽張氏、芷齋圖籍、稽瑞樓印記。

元氏長慶集六十卷集外文章一卷　四册　江南圖書館藏明嘉靖壬子刊本

唐元稹撰

元集宋時有閩、蜀二本，此刻前有宣和甲辰建安劉麟禮序，蓋即閩本。後有乾道戊子知紹興府鄱陽洪适重刻序，蓋肇於劉之閩本，而續於洪之越本。卷末有「嘉靖壬子仲春東里董氏用宋本翻雕於茭門别墅」一行，又明時重刻越本也。每葉二十六行，行二十三字，目連正文。闕卷十一第五六葉，各本皆然。

白氏文集七十一卷　二十四册　江南圖書館藏日本活字本

唐白居易撰

總目以卷一之七十爲十帙，按白氏自記集後云「白氏前箸《長慶集》五十卷，元微之爲序，《後集》二十卷自爲序，今又《續後集》五卷自爲記」。他本皆先詩後筆，無復前、後、續之分。此本以卷一之五十爲《前集》，五十一之七十爲《後集》，七十一爲《續集》，尚未改廬山次第。古詩分諷諭、閑適、感傷、雜詠、歌行、格詩、半格詩諸類。末有《廣順癸丑陶穀龍門重修白樂天影堂記》、日本那波道圓刻書跋。道園名方，播磨國人，藤原惺窩之弟子。此書印行於元和戊午七月，當明萬曆四十六年也。卷三十一之十四葉有闕文，未敢據别本補之。

樊川文集二十卷外集一卷别集一卷　五册　江南圖書館藏明翻宋刊本

唐杜牧撰

每卷首行題「樊川文集第幾」，次行低八格題「中書舍人杜牧字牧之」。前有裴延翰序。《别集》有熙寧六年田槩序。每葉二十行，行十八字。宋諱避「桓」「鏡」等字，是從北宋本出。有「芷齋圖籍」印記。

姚少監詩集十卷　二册　上海涵芬樓藏明鈔本

唐姚合撰

每葉二十行，行十八字。毛子晉手跋定爲宋時浙本，與川本編次稍異。此本前五卷鈔手極舊。「殷」「敬」等字皆缺末筆。後五卷出毛氏鈔補，有黃蕘圃跋。有東吴毛氏圖書、子晉、士禮居等印記。

李義山詩集六卷　二册　江安傅氏雙鑑樓藏明嘉靖庚戌毘陵蔣氏刊本

唐李商隱撰

李義山集世本皆作三卷。此本分體，始五言古，終七言絶，爲六卷，句中間附小注「一作某」，皆與别本不同。以世傳錢牧齋手校宋鈔本證之，往往與之相合。

李義山文集五卷　二册　常熟瞿氏鐵琴銅劍樓藏舊鈔本

唐李商隱撰

《義山文集》舊本已亡，此本分卷爲五，與朱長孺本合。卷一表，卷二狀，卷三啓，卷四書、傳、碑銘、箴、賦、雜著，卷五祭文，序次與徐氏箋注本不同。題下注解，蓋出朱長孺手。

黑格紙，鈔手極工。有稽瑞樓印記。

温庭筠詩集七卷別集一卷　一册　江南圖書館藏述古堂精鈔本

唐温庭筠撰

格欄外有「錢遵王述古堂藏書」一行，《讀書敏求記》箸録。每葉二十四行，行二十一字。

丁卯集二卷　一册　常熟歸氏鐵網珊瑚人家藏影宋寫本

唐許渾撰

目録及卷首次行均題「郢州刺史許渾」。字與別本異者，注「一作」于下。宋刻舊藏士禮居，有黄蕘圃跋。此影寫本，極精。

唐劉蜕集六卷　一册　上海涵芬樓藏明吴氏問青堂刊本

唐劉蜕撰

是集一名《文泉子》，久無傳本。天啓甲子吴馡于佛龕中得之，始爲刊行。

唐孫樵集十卷　一册　上海涵芬樓藏吴氏問青堂刊本

唐孫樵撰

此吴馡與《劉蜕集》合刻本。吴馡序云「以王文恪吴下舊本、林茂之閩本，參考《文苑》等籍，釐正相沿之謬」，知非苟焉傳刻者。

李群玉詩集三卷後集五卷　一册　上元鄧氏群碧樓藏宋刊本

唐李群玉撰

卷首載進詩表、勅旨、令狐綯薦狀。勅旨後有「臨安府棚前睦親坊南陳宅書籍鋪印行」一行。《後集》末葉有「臨安府棚北大街睦親坊南陳解元宅書籍鋪印」一行。每葉十八行，行十八字，白口，魚尾上記字數。黄蕘圃取校毛刻《文山集》，云「其異不可勝記，且其謬不可勝言」，足知宋刻之可貴。蕘圃與《碧雲集》同收，皆有跋。有玉蘭堂、徐健菴、季振宜、馮静觀、安麓村、士禮居印記。

碧雲集三卷　一册　上元鄧氏群碧樓藏宋刊本

唐李中撰

卷前有孟賓于序，作于癸酉，宋開寶六年也，目録後有「臨安府棚北睦親坊南陳宅書籍鋪印」一行。汲古閣據元本重刊，中多闕文，不及宋刻之完善。《四庫》未收。印記同《李群玉集》。

披沙集六卷　一册　上元鄧氏群碧樓藏宋刊本

唐李咸〔一〕撰

卷前有紹興四年廬陵楊萬里序。此集舊無傳本，至宋，其裔李孟達始以家藏寫本刻之。序後有「臨安府棚北大街陳宅書籍鋪印行」一行。《四庫》未收。

【校勘記】

〔一〕「李咸」，應作「李咸用」。重印本已改。

皮子文藪十卷　二册　湘潭袁氏藏明刊本

唐皮日休撰

皮集以正統中袁氏佳趣本爲舊。是刻極罕見，又在正統本之前也。中縫止題「皮」字，不記卷數，葉排長號。前載柳開序、皮日休自序。字畫圓活可愛。有錢陸燦、趙懷玉圖記。

唐甫里先生文集二十卷　五册　江南圖書館藏黄蕘圃校本

唐陸龜蒙撰

黄蕘圃以成化本手校明鈔本，精密之至，其源流詳見前後三跋。每葉十六行，行十六字。卷一之十三詩，卷十四之十五賦，十六之十九雜著，二十附録。有寶祐六年朝請郎直寶謨閣林希逸前序，葉茵後識。舊藏許丹臣家，有跋。有許心扆、笪重光、黄丕烈、李士鉌等印記。

玉川子詩集二卷外集一卷　一册　上海涵芬樓藏舊鈔本

唐盧仝撰

《玉川子集》，《四庫》以孫之騄集注本入附《存目》中。孫本增《櫛銘》一篇、《月詩》一篇，編爲五卷，《四庫》斥其不古。此本分卷與《書録解題》合，尚是舊本。每葉二十四行，行二十四字。《外集》有慶曆八年昌黎韓盈甫序。

司空表聖文集十卷　二册　上海涵芬樓藏舊鈔本

唐司空圖撰

此本有文無詩，目録又題「一鳴集」。首載光啓三年自序。後有乾隆庚子趙味辛跋，云「宋刻校于知不足齋」。陳振孫《書録解題》謂蜀本前、後八卷俱題「雜著」，五、六兩卷獨題「碑」字。此本亦然，是源出蜀刻。

司空表聖詩集五卷　一册　海鹽涉園張氏藏《唐音統籤》本

《表聖詩集》刊本，以明胡孝轅收入《唐音統籤》者爲最舊。今據以影刻，從《戊籤》七十四至七十八止。

玉山樵人集香奩集附　一册　上海涵芬樓藏舊鈔本

唐韓翊〔一〕撰

此本不分卷，每體自爲起訖。《香奩集》不名《内翰别集》，《無題》四首，亦不注「入内庭後詩」，與鐵琴銅劍樓藏影宋寫本合。

【校勘記】

〔一〕「韓翊」，應作「韓偓」。重印本已改。

桂苑筆耕集二十卷　三册　無錫孫氏小緑天藏高麗刊本

唐崔致遠撰

《唐書・藝文志》載崔致遠《桂苑筆耕集》，近代不見流傳，《四庫》未録，阮文達亦未進。桉致遠新羅人，仕唐爲高駢幕僚。是集皆在唐時所作表、狀等文，末附詩數十首。詩文工麗，爲高麗文人之祖。乾隆中彼國有活字板本，今亦難得，此鏤刻本尚在活字本前。目連正文，首載自序。

唐黄御史集八卷附録一卷　三册　閩縣李氏觀槿齋藏明刊本

唐黄滔撰

滔集久佚，宋淳熙中，其後人輯録成書，乃得復顯于世。此明萬曆丙午侯官曹學佺刊本。有慶元二年洪邁序。

甲乙集十卷　一册　常熟瞿氏鐵琴銅劍樓藏宋陳道人書籍鋪本

唐羅隱撰

前後無序跋，每卷皆題「甲乙集卷第幾」，第二行空七字題「餘杭羅隱昭諫」，第三行空二字題一「詩」字，題列第四行，比正文低三字。每葉二十行，行十八字，魚尾上記字數。「匡」「徵」「桓」「樹」「構」「慎」字有闕筆。瞿氏《藏書志》云「目録後記刊板處一行已漫漶，僅存『臨安府』三字，末『金氏』二字可審」。按楊氏《楹書隅録》，宋本《甲乙集》首尾有「臨安府棚北大街睦親坊南陳宅書籍鋪印行」一行。今審此本「臨安府」下即「棚北大街睦親坊南陳宅書籍鋪印」十四字，比楊本少一「行」字。此行在目録後，亦不在卷首尾，然行款字畫悉與陳宅書籍鋪所刻别種唐人集同，其爲書棚本無疑。《瞿目》誤認「鋪」字之半爲「金」字耳。有黄蕘圃手跋。有錢遵王、徐乾學、季振宜、安岐、士禮居、平陽汪氏等印記。

白蓮集十卷　二册　上海涵芬樓藏影明鈔本

唐僧齊己撰

卷末有跋，爲明嘉靖柳大中鈔本，此又影鈔柳本者。取汲古閣本對校，有彼本字闕而此本尚存者，此外足以正汲古本譌誤之處甚多，洵善本也。卷末附《風騷旨格》，亦汲古本所無。訛字亦比《學津》本爲少。

禪月集二十五卷　二册　武昌徐氏藏影宋精鈔本

蜀釋貫休撰

題「浙江東道婺州蘭溪縣和安寺西岳賜紫蜀國禪月大師貫休述」，每葉二十二行，行二十字。前有無爲楊傑等題詞及吴融序，後有門人曇域序及嘉熙中周伯奮師保等跋。闕筆至「貞」字，而不避南宋諱，是宋季沙門重刊北宋本也。分卷處銜接而下，猶存宋初刻書舊式。

浣花集十卷補遺一卷　一册　江安傅氏雙鑑樓藏明朱子儋刊本

蜀韋莊撰

每葉左闌外題「江陰朱氏文房」，明正德中朱子儋刊行本也。《補遺》亦朱氏所輯。汲古閣本從此出，多韋藹序，今補録。

廣成集十七卷　三册　北京白雲觀藏《正統道藏》本

蜀杜光庭撰

集中文字無一非道教家言。五季文集無存，取此以補其闕。《四庫》作「十二卷」，自當以《藏》本爲正也。卷一至十二《藏》列「敢」字，十三至十七「毀」字。

徐公文集三十卷附録一卷　六册　上海涵芬樓藏校鈔本

宋徐鉉撰

《騎省集》自錢牧齋從内閣宋明州本鈔出，收藏家遂有著録者。此舊鈔本，黄蕘圃以影宋鈔本校並跋，改正筆畫，鈎勒行款，纖悉必遵。首列天禧元年胡克順進書表及批答，次陳彭年序，後有紹興十九年徐琛重刊序。卷十闕十四、十九兩葉，卷一缺詩九首，當不止一葉，宋本亦然。有黄蕘圃手校印記。

河東先生集十六卷　三册　上海涵芬樓藏舊鈔本

宋柳開撰

集爲門人張景編録，《四庫》作「十五卷附録一卷」，此本卷十六爲張景所撰行狀，即《附録》也。第十卷首相仍缺一葉，然他本遂并失去第二篇矣。有五硯樓、陳氏西畇草堂等印記。

小畜集三十卷　六册　江南圖書館藏經鉏堂鈔本

宋王禹偁撰

前載沈虞卿刻書序，後載契勘公文。蓋從紹興十七年黄州本繕寫。每葉有「經鉏堂校録」字樣。

小畜外集殘本七卷　一册　江南圖書館藏影宋寫本

此從殘宋本影寫，存卷第七至卷第十三止。首尾尚有缺葉，無從補足矣。每葉二十二行，行二十二字。

林和靖先生詩集四卷　一册　江安傅氏雙鑑樓藏影寫明黑口本

宋林逋撰

首載宋皇祐五年梅堯臣序。每葉二十行，行二十字，小黑綫口，葉編長號。别本以五言古居首，此在律詩後。别本拾遺另卷，此在卷四末。題目先後及詩中字句亦與各本不同，雖出明刻，亦未見書也。卷三原闕一葉，今并闕行闕字依别本補之，附於卷末，以便觀覽而已。

河南穆公集三卷遺事一卷校補一卷　一册　杭州葉氏藏述古堂鈔本

宋穆修撰

每葉二十行，行十八字。《遺事》末葉有「錢遵王家藏照宋鈔本」云云。有淳熙丁未劉清之後跋。印成，得朱氏曝書亭寫本補祖無擇序一首，又校其異同，附于卷末。有平陽汪氏印記。

范文正公集二十卷别集四卷政府奏議二卷尺牘三卷年譜一卷言行拾遺事録四卷鄱陽遺事録一卷又附録十三種

十册　江南圖書館藏明翻元天曆本

宋范仲淹撰

蘇軾序後有篆文亞字木印云「天曆戊辰改元褒賢世家重刻于家塾歲寒堂」，蓋明時第十五世孫重刊天曆本也。元刻流傳尚多，轉遜此之清朗。

河南先生集二十八卷　四册　上海涵芬樓藏春岑閣鈔本

宋尹洙撰

每葉二十行，行十九字。遇宋帝字樣皆空格，「搆」字注「御名」，原出于宋。前載高陽范仲淹序，卷二十八集本傳、墓誌、祭文、題跋爲《附録》。《四庫》作「二十七卷」，蓋闕《附録》。

蘇學士文集十六卷校語一卷　三册　上海涵芬樓藏白華書屋刊本

宋蘇舜欽撰

《蘇學士集》傳本少見，康熙初宋牧仲開府江南，始屬震澤徐淳復刊行，宋、徐兩序皆不言所據何本，雕印雖工，譌脱不免，讀者苦無別本比對。海寧陳氏藏何義門校本，其底本即宋牧仲刻也，正譌補闕，是正良多，今録其要者爲校語。子美詩文當以此爲善本矣。

温國文正司馬公文集八十卷　十六册　常熟瞿氏鐵琴銅劍樓藏宋紹興三年刊本

宋司馬光撰

温公集當以此爲第一刻，前有紹興二年劉嶠序及三年進書表近刻誤劉嶠爲劉隨，并節去序文首尾及官銜。其編次與世行本稱《傳家集》者不同。此本自注甚多，近刻輒多删削。其餘佳處不勝縷指。首卷第一行題「温國文正公文集卷第一」，第二行空二格題「古賦」，第三行空三格列目録，題目空四格，他卷倣此。每葉二十四行，行二十字。魚尾下或題「司馬文集幾」，或題「温公文幾」，下記刻工姓名。書中「桓」字注「淵聖御名」，「構」字注「御名」。缺卷一至四、卷七十六至八十，凡九卷。卷四十之前半卷亦闕，明弘治中盧石湖手鈔補足。卷中有徐良夫、盧石湖、錢竹汀、黄蕘圃諸人手跋。卷八十祭文類爲《始平公祭劉大卿文》《諸廟祈雨祝文》《謝雨文》三首，有目無文，明刻有之，然未敢輒補。有徐良夫、宋源餘、汪閬源等印記。

直講李先生文集三十七卷外集三卷年譜門人録附　八册

江南圖書館藏明刊本

宋李覯撰

卷一題「後學南城左贊編輯，後學廣昌何喬新校正」二行，「何喬新」一行已在第三行《長江賦》下，當是後來補入。前後無序跋，丁氏《善本書室藏書志》定爲明正德乙亥川南孫甫令南城時所刊。按《文獻通考》，覯所撰有《退居類藁》《續藁》《常語》《周禮》《致太平論後集》等目，此本次第已爲後人改易，然尚是覯集之最古者。有葉氏菉竹堂、重遠樓、鳴野山房等印記。

丹淵集四十卷拾遺二卷　八册

上海涵芬樓藏明刊本

宋文同撰

首載曲沃家誠之《石室先生年譜》。目録後有慶元乙卯跋，云「先生曾孫鷟所編家集，其詩各以所居爲别，賦雜出于詩中，樂府獨殿于詩後，編次可謂不倫」。此本經誠之重定，又輯《拾遺》及《附録》，舊本集名仍分注目録之下，明季汲古閣據以刊行，有錢功甫、毛子晉序。

元豐類藁五十卷附録一卷　十册　烏程蔣氏密韵樓藏元刊本

宋曾鞏撰

首題「南豐先生元豐類藁卷之一」，次行低一格題「古」，詩題比正文低三格。前有王三槐序一首、朱子年譜序二首。後有大德甲辰東平丁思敬跋，云「曾文前邑令黄斗齋嘗繡諸梓，兹鳩工重刻」此跋從明初本補印，元本失之，即此本也。每葉二十二行，行二十一字，其版明初尚在，一修於正統丁卯，再修于成化壬辰，此是元時初印本也。

宛陵先生集六十卷拾遺一卷附録一卷　十二册　上海涵芬樓藏明刊本

宋梅堯臣撰

此萬曆丙午梅純甫宣州刊本，從正統本出，《附録》一卷正統本所無，《附録》所收題跋終于汪澤民，則尚是元人所輯也。前後有歐陽文忠公序，及明楊士奇、宋儀望、陳俊、姜奇方重刊序跋。

伊川擊壤集二十卷集外詩一卷　四册　江南圖書館藏明成化刊黑口本

宋邵雍撰

前有治平丙午自序。書首有成化乙未希古引，而不著姓名，疑出自藩邸之手。卷末有元祐六年邢恕後序，又有成化庚子畢亨跋，稱「梓此集于應天，後置版于安樂窩書院」，乙未與庚子相去廑六年，不知果是誰刻。明人刻書互相勦襲，往往如此，今亦無從斷定。汲古閣刻《擊壤集》不登和詩，亦無《集外詩》，此皆有之。

居士集五十卷外集二十五卷易童子問三卷外制集三卷内制集八卷表奏書啓四六集七卷奏議集十八卷雜著述十九卷集古録跋尾十卷書簡十卷附録五卷　三十六册　上海涵芬樓藏元刊本

宋歐陽修撰

首有胡柯所作年譜，《居士集》有蘇軾序，全集後有周必大序。每卷後有「熙寧五年秋七月男發等編定，紹熙二年三月郡人孫謙益校正」二行。考異皆另葉起，不與正文相聯。每葉二十行，行二十字，粗黑綫口。《天禄琳瑯》元版集部亦有此本，稱「其字仿鷗波，深得其妙，定屬元時重刊宋本，觀其槧印之精，非好古者不能爲」云云，可見是本之致佳。有果親王府印記。

嘉祐集十五卷　二册　無錫孫氏小緑天藏影宋鈔本

宋蘇洵撰

平津館影鈔宋小字本，每葉二十八行，行二十五字，中闕目録第一葉、卷七第九葉、卷十五第六七葉，第一至第五葉中亦有闕數字及半字者，當是宋本殘闕，寫者謹守闕文之義也。卷十三蘇氏族譜，「子洵」下俗本增「軾」「轍」二字，此本無之，與黃蕘圃藏宋本合。有孫忠愍侯祠堂印記。

臨川先生文集一百卷目録二卷　二十册　上海涵芬樓藏明刊本

宋王安石撰

嘉靖中撫州刊本。總目之外，每卷正文前仍列目，款式與宋本同。首有紹興十年豫章黄次山序，謂「桐廬詹大和守撫州，刊之於郡齋」，此即重開其本。

集注分類東坡先生詩二十五卷　十册　南海潘氏藏宋務本堂刊本

宋王十朋〔二〕撰

每卷首行題「增刊校正王狀元集注分類東坡先生詩」，次行低四字題「宋禮部尚書端明殿學士兼侍讀學士贈太師謚文忠公蘇軾」。首列「仙谿傅藻編東坡紀年録」。自紀行至雜賦分七十八類，集注姓氏後有「建安虞平齋務本書堂刊」篆文木記。每葉廿二行，行十九字，夾注廿五字。《四庫》謂「注出于依託」，今觀序文兩首，一題「狀元王公十朋」，一題「西蜀趙公夔」，類坊賈所爲。然注文詳博，恐非梅溪不能，題款分類或出坊肆之手耳。宋槧精妙，首尾完善，洵驚人祕笈也。册首有黃子壽跋。

【校勘記】

〔一〕原作「王朋十」，排誤。重印本不誤。

經進東坡文集事略六十卷　十册　烏程張氏南海潘氏合藏宋刊本

宋郎曄注

此書《四庫》未録，阮文達亦未進呈，僅《愛日精廬藏書志》有殘本。每卷題「經進東坡文集事略卷第幾，迪功郎新紹興府嵊縣主簿臣郎曄進」。按曄字晦之，杭人，早從張九成學，嘗注三蘇文及宣公奏議，投進未報，詳見周輝《清波雜志》及《别志》。《宣公奏議注》尚有傳本，坡集今惟烏程張氏藏上半部，南海潘氏藏下半部，皆宋槧本。兩本湊合，尚缺五卷。六十卷末亦缺數葉，然亦僅有之祕本矣。每葉二十行，行大小均二十一字。「桓」「玄」二字避諱作「亘」「元」，此殊罕見。蘇文未見宋刻，今與詩集並得宋時善本，可云雙美。闕卷以成化本補其白文。

欒城集五十卷後集二十四卷三集十卷　二十册　上海涵芬樓藏明活字本

宋蘇轍撰

首有嘉靖辛丑劉大謨序，王珩序謂「世行《潁濱集》脱誤實多，得《欒城集》善本，蜀王殿下校正鋟梓」。明人擺印書籍亦稱刻，此實活字本也，有重刻凡例七條，第四條云「廟號舊本每空二字」，知源出宋筠州本。每集並記葉數并謚議七葉，總一千四百三十一葉。《三集》後有淳熙六年鄧光跋，曾孫權知筠州軍州事翊跋。跋後列校勘官名三行，又有開禧丁卯四世孫權知筠州軍州事蘇森跋。中縫葉數多誤記，明活字本類有此失，今一仍原書之舊，以存古本之真，其中文義均無訛誤，讀者不必致疑。

欒城應詔集十二卷　二册　上海涵芬樓藏影宋鈔本

每葉二十行，行二十字。遇宋帝字樣皆空格。摹寫極精，非清夢軒刻本可比。

豫章黄先生文集三十卷　八册　嘉興沈氏藏宋刊本

宋黄庭堅撰

首題「豫章黄先生文集第幾」，次行低七格題「黄庭堅魯直」。目連正文，題低四、五、六字不等。每葉十八行，行十八至二十二字不等。白口雙邊，版心上記字數，下記刻工姓名。卷一至十二賦、古詩、律詩、六言詩，卷十三至十五銘、贊、頌，卷十六至三十序、記、書、表、文、墓誌、碑銘、碣、題跋。「構」字注「太上御名」者，爲孝宗時元刻。遇「覯」作「覯」，兼避「慎」「郭」等字者，爲光、寧兩宗時修版也。有顧千里經眼圖記。

后山詩注十二卷　四册　江安傅氏雙鑑樓藏高麗活字本

宋任淵注

首載后山門人魏衍「彭城陳先生集記」、王雲題辭。所謂「年譜」者，任淵於目録中疏其歲月，以見行藏。詩止六卷，益以注，卷各釐爲上下，今統作十二卷，不知始於何時。此高麗活字本。活字印書，高麗人早得其術，印本最多，今亦希如星鳳矣。

張右史文集六十卷　十二册　上海涵芬樓藏舊鈔本

宋張耒撰

是集明刊本衹三十卷，武英殿聚珍本名《柯山集》五十卷，惟《汲古閣秘本書目》所載《張右史集》卷數與此同。

淮海集四十卷後集六卷長短句三卷　五册　海鹽涉園張氏藏明嘉靖刊小字本

宋秦觀撰

《淮海集》明初北監有刊本，歲久漫漶，山東刊本無《後集》《長短句》，此嘉靖己亥高郵張綖以二本相校重刊，最爲完善。卷首有刊書序及《宋史》本傳。有松下齋印記。

石門文字禪三十卷　八册　江南圖書館藏明徑山寺刊本

宋釋惠洪撰

題「宋江西筠溪石門寺沙門釋德洪覺範箸，門人覺慈編録，西眉東巖旌善堂校」，中縫上方有「支那撰述」四字，前有萬曆丁酉釋達觀序。

濟北晁先生雞肋集七十卷 十六册 上海涵芬樓藏明刊本

宋晁補之撰

卷前有元祐九年自序，後有紹興九年從弟謙之跋。此明繙宋本，每葉十八行，行十九字，中縫下方題「詩瘦閣」三字，卷首有「顧凝遠印」「誕伯氏」二木印。卷末有「明吴郡顧氏于崇禎乙亥春宋刻壽梓」二行。《雞肋集》未見他刻，惟此爲最舊耳。

浮溪集三十二卷 八册 上海涵芬樓藏武英殿聚珍版本

宋汪藻撰

《宋藝文志》録《汪藻集》一百二十卷，明嘉靖中胡堯臣刊《浮溪文粹》衹十五卷，失傳頗多，惟聚珍本從《永樂大典》採録，視《文粹》所收不啻倍蓰。首載孫覿序，「集中多代言之文，明白洞達，詔命所被，無不傳頌，以比唐之陸宣公」云。

增廣箋注簡齋詩集三十卷附無住詞　四册　常熟瞿氏鐵琴銅劍樓藏宋刊本

宋陳與義撰　胡穉箋注

前有紹熙壬子四明樓鑰序、胡穉自序、廬陵劉辰翁序。每卷題「增廣箋注簡齋詩集卷第幾」，次行空六字題「竹坡胡穉仲孺箋」。題空三字，每葉二十行，行大小均十八字。武英殿本卷一有記、跋兩首。此本收詩不收文，亦不分體。書成紹熙初元，距簡齋生時僅五十年，故所箋出處時事及朋友酬答皆詳核可考。前有《年譜》，後附《正誤》。此箋《四庫》未收，阮文達曾以進呈，若此本之宋槧完全者，殊未見也。

簡齋詩外集一卷　一册　南陵徐氏積學齋藏元人鈔本

此本凡古今體詩五十二首、文三首，皆胡箋本所無。前有小引，題「元默敦牂中秋晦齋書」。卷首有題記曰「《簡齋外集》，罕見其本。錢唐王心田以余愛之，持以見贈。延祐七年二月雲禁書齋記」，下有「錢氏翼之」白文方印翼之名良有，吴郡人，工書法及詩，是此鈔尚在延祐以前，字畫秀勁可愛。有孫亮、朱子儋、張子昭、蔡士權、朱時熙、汪閬源等印記。

于湖居士文集四十卷附録一卷　六册　慈谿李氏藏宋刊本

宋張孝祥撰

首有嘉泰元年弟孝伯、門下士謝堯仁二序。孝伯序謂「王大成集從先生久，先生深愛之，盡以家藏與諸家所刊屬其讎校，雖不敢謂全書，然視他本則有間矣。繼有所得，當爲後集」云，知《于湖文》當時版行者不一，惟此爲備。卷中「匡」「徵」「襄」「完」「敦」「廓」等字皆闕筆。每葉二十行，行十六字，字畫斬方，宋槧之致佳者。

晦菴先生朱文公集一百卷續集十一卷别集十卷目録二卷

五十册　上海涵芬樓藏明刊本

宋朱熹撰

正集卷首有嘉靖壬辰饒平蘇信序，總目後有婺源潘潢跋，《續集》有淳祐五年王遂序，《別集》目録後有咸淳元年建安書院山長黄鏞跋。潘跋謂「《晦菴文公文集》歲久版昏，察使胡公等縮費重雕藏諸閩臬」，是明時閩中官本。按《文公集》，宋有浙、閩二刻浙本葉二十行，十九字；閩本二十行，十八字，閩版後入南監。閩本正集文公子在編，《續集》建安守王遂編，《別集》余師魯編。此從閩本出，每葉二十四行，行二十二字，中縫上方題「朱子大全」，横線下題「文集卷幾」，下記刻工姓名。每卷後有校勘儒官名氏一行，字句章次與浙本有不同處。《四庫提要》《鐵琴銅劍樓書目》皆云《續集》第十一卷有目無書，而此本有之，並有淳熙庚戌徐幾跋。

止齋先生文集五十二卷附録一卷 八册 烏程劉氏嘉業堂藏明弘治乙丑刊本

宋陳傅良撰

《止齋集》宋嘉定壬申博士徐鳳録版於永嘉郡齋，屬公門人曹叔遠爲前後序，附録樓鑰神道碑、蔡幼學行狀、葉適墓銘及遺文數首。明弘治間編修王瓚録自祕閣，授温州守莆田林長蘗刻之，即此本也。宋刊而後，此本爲最古矣。有海陵錢犀菴印記。

梅溪先生廷試策奏議五卷詩文前集二十卷後集二十九卷附録一卷　十二册　上海涵芬樓藏明正統刊本

宋王十朋撰

是集合前後詩文并奏議爲五十四卷，宋有二刻，此明正統五年温州刊本，遇宋帝皆提行空格，源出宋浮光刊本，前後有黄淮何文淵重刊序。朱文公序一首則天順六年温守周琰所補刻也。

攻媿集一百十二卷　三十册　上海涵芬樓藏武英殿聚珍本

宋樓鑰撰

宋本一百二十卷，《四庫》删去青詞、表、齋文、疏文之類一百六十七篇，釐爲一百十二卷，元缺第七十七至七十九三卷，第五十八、七十三、七十四卷亦有殘闕。

象山先生集三十六卷　十册　上海涵芬樓藏明刊本

宋陸九淵撰

卷首有嘉靖辛酉王宗沐序，蓋是集刊於金谿，而歲久漫漶，何吉陽撫江西時刻之，又有正德辛巳陽明山人序，目録後附徐階《學則辯》，自一至三十一卷爲書、奏、記、序、雜著、詩、文，三十二卷至末爲拾遺、附録、語録、年譜。

盤洲集八十卷附録一卷拾遺一卷　十二册　上海涵芬樓藏影宋鈔本

宋洪适撰

此從毛氏汲古閣影宋鈔本録出。每葉二十行，行二十字。「轉運司乞移免折斛錢劄子」僅存二行。「祭張侍郎文」全闕。各本皆然。有勞氏丹鉛精舍印記。

石湖居士詩集三十四卷　五册　上海涵芬樓藏愛汝堂刊本

宋范成大撰

《石湖集》范文穆公手自編定，嘉泰間其子莘茲等丐楊誠齋序之，校刻行世。莘茲等跋謂「詩文凡百有三十卷，今已散佚」，《居易録》謂「吴門顧迂客新刻本從金亦陶寫校宋版本出，初印本衹三十三卷，三十四、五兩卷目中均注嗣出，後印本有三十四卷，蓋後來補刻」云。

誠齋集一百三十三卷　三十二册　江陰繆氏藝風堂藏影宋鈔本

宋楊萬里撰

前有端平二年劉煒叔序。目録四卷，卷一至卷四十二爲詩，四十三以下爲文，一百三十三爲「附録」。每卷末有「嘉定元年春三月男長孺編次，端平元年夏五月門人羅茂良校正」兩行。宋刻在日本，此出日本人影鈔。每葉二十行，行十九字，爲誠齋集最足之本。自宋以後絶未刻過。

渭南文集五十卷　十二册　江南圖書館藏明華氏活字本

宋陸游撰

明弘治中錫山華珵得嘉定中放翁幼子子遹溧陽刊本，託活字傳之。每葉十八行，行十七字。遇宋帝字樣皆提行空格。有吴寬、祝允明序、華珵跋。凡文四十一卷、《天彭牡丹譜》一卷、《入蜀記》六卷、詞二卷。正德中新安汪大章刻本有詩十卷，而無《入蜀記》。活字本有子遹記云「學者皆熟誦劍南之詩，惟遺文自先太史未病時故已編輯，而名以『渭南』，凡命名及次第之旨皆出先太史遺意」，則此尚是放翁手定之本。

澗谷精選陸放翁詩集前集十卷須溪精選後集八卷别集一卷　二册　江南圖書館藏明弘治丁巳刊本

《前集》宋羅椅選，《後集》劉辰翁選，《别集》明劉景寅選。羅椅所選有圈點而無評，須溪所選間有評語。《前集》有大德辛丑椅孫慤序，爲澗谷選本而作。每葉二十二行，行二十字。行密字展，款式極古，前後無刻書序跋，收藏家不能指爲何時所刻。偶見一鈔本，前有弘治十年吴郡楊循吉序、蜀劉景寅跋，知此爲弘治丁巳杭州刻本。《别集》《四庫》云不知撰人，據跋知即劉氏所爲。收藏有李伯雨印記。

水心先生文集二十九卷　八册　烏程劉氏嘉業堂藏明正統戊辰刊本

宋葉適撰

每葉二十四行，行二十字。遇宋帝字樣皆空格，前有景泰二年王直重刊序、門人趙汝譡序，趙序後有正統戊辰黎諒識。按《水心集》，宋時有《文粹標準集》《葉學士文集》《水心文集》等刻。黎諒就諸集編定是本，尚有《後集》，不傳。有張紹仁圖記。

重校鶴山先生大全集一百十卷　二十四册　烏程劉氏嘉業堂藏宋刊本

宋魏了翁撰

此宋刊孤本也，首有淳祐己酉宛陵吴淵序，後有開慶改元闕名結銜云「諸生朝請大夫成都府路提點刑獄公」，下闕跋。淳祐辛亥吴潛後序則從安氏活字本補入。《鶴山集》舊有姑蘇、温溪兩本，皆止百卷。開慶本更增「舉文策」「周禮折衷拾遺」「師友雅言」爲一百十卷，稱《大全集》。每葉二十二行，行二十字。原闕十八卷，今以安刻補之，其源同也。惟一百八卷安刻亦闕，闕葉可從安刻補者亦悉補之黄蕘圃手録闕葉，云「卷一百二闕第十一葉至末」，今檢此葉中縫誤題「九十三卷」，因誤訂，以文義審之，即一百二卷之第十一葉也，以便誦讀。前後有黄蕘圃、錢竹汀手跋。

西山先生真文忠公文集五十一卷　廿四册　江南圖書館藏明正德刊本

宋真德秀撰

前有正德庚辰莆陽黄鞏刊書序，謂「建寧太守常熟張公瑞訪得《西山先生文集》，遂圖梓行，屬鞏校之」。總目及卷一前皆有「黄鞏、張天麟校正」兩行。卷二十六第二十三葉誤刻，今據萬曆本改正。

白石道人詩集二卷集外詩一卷詩説一卷歌曲四卷歌曲别集一卷附録一卷　二册　上海涵芬樓藏江都陸氏刊本

宋姜夔撰

《白石集》舊傳《群賢小集》本，祇詩一卷、詩説一卷，樂章亦僅二十餘闋。乾隆中江都陸滰川以陶南村鈔本刊行，又輯《别集》《附録》，姜集始有足本，鐫刻亦甚精。

後村先生大全集一百九十六卷　四十八册　上海涵芬樓藏賜硯堂鈔本

宋劉克莊撰

《後村集》《四庫》本僅五十卷，此爲最足之本。舊闕卷一百十二及咸淳六年林希逸序、八年劉希仁序，今從無錫孫氏小緑天藏愛日精廬鈔本補足，其餘闕行脱字則竟無從補之。

文山先生集二十卷　十册　烏程許氏藏明刊本

宋文天祥撰

此本與嘉靖中鄢懋卿本作二十八卷者分併不同，文字固無多寡也，有萬曆三年新安潘侃後跋，知爲廬陵胡應皋所刻。

閑閑老人滏水文集二十卷　六册　湘潭袁氏藏汲古閣鈔本

金趙秉文撰

卷末章碩卿手題云「汲古主人精鈔本，無上妙品」。

滹南遺老集四十六卷　六册　上海涵芬樓藏舊鈔本

金王若虚撰

此集自一至三十三卷皆辨論經史之作，三十四至三十七卷文辨，三十八至四十卷詩話，僅四十一至四十五卷爲詩文。首有李冶、王鶚、彭應龍、王復翁序，末一卷則録自《中州集》者也。此本源出山陰祁氏，繡谷亭從之傳録，卷末有吴焯跋。有蔣維基、張之洞印記。

遺山先生文集四十卷附録一卷　十二册　烏程蔣氏密韵樓藏明弘治戊午刊本

金元好問撰

卷一次行題「頤齋張德輝類次」，有中統三年封龍山人李冶、陳郡徐世隆前序、曹南王鶚後序，皆爲元初東平嚴侯弟忠傑刊《遺山集》而作。明弘治中，儲巏得舊本以授李瀚刻之，《附録》一卷即巏所輯。卷首録其手簡。有秦敦夫印記。

湛然居士文集十四卷　四册　無錫孫氏小緑天藏影元鈔本

元耶律楚材撰

每卷首末均跨行大字題「湛然居士文集卷之幾」。每葉廿行，行十六至十八字。遇元帝字樣皆提行。有萬松野老行秀、氷岩老人王鄰、孟攀鱗三序，九山居士王微後序。清初止傳前七卷，未見足本。卷一至七、九至十四皆詩，惟卷八爲文。有結一廬印記。

秋澗先生大全文集一百卷附録一卷　二十四册　江南圖書館藏明弘治刊本

元王惲撰

前有弘治戊午車璽序，序後有秋澗小像。每葉二十四行，行二十字。遇元帝字樣皆提行空格。惟元刊本有王構、王士熙、王公儀、羅應龍諸跋，此皆失之。元刊制辭、哀挽、墓志皆列總目之後、目録之前，重刊本改題「附録」，列于卷末，較爲允當。中闕八葉卷六第十五葉、卷二十九第二葉、卷三十四第十四葉、卷四十一第七八葉、卷四十四第十八葉、卷五十九第四葉、卷七十四第八葉，多方借補，僅從江南圖書館藏宋賓王鈔本得二葉卷三十四第十四葉、卷七十四第八葉，其餘六葉元刊本亦闕，今存白葉於卷中，嘉與好古者訪之。

剡源戴先生文集三十卷　六册　上海涵芬樓藏明刊本

元戴表元撰

剡源文明洪武初始有刻本，日久不傳，萬曆中後裔名洵者重刻之，即此本也，傳本亦不多見。有繆荃孫圖記。

松雪齋文集十卷外集一卷　三册　上海涵芬樓藏元刊本

元趙孟頫撰

目録後題「至元後己卯花谿沈氏伯玉刊于家塾」。《外集》題「花谿沈氏刊于家塾」。元時，麻沙刊行小字本《松雪集》有詩無文，此本蒐輯完備，字橅趙體，迥出坊刻之上。前有戴表元、何貞立二序。每葉二十四行，行二十二字。有毛裒、汪士鍾圖記。

静修先生文集二十二卷　三册　上海涵芬樓藏元刊小字本

元劉因撰

卷一後有「至順庚午孟秋宗文堂刊」牌子。每葉廿六行，行廿一字。卷一之十五詩、詞，卷十六之二十二碑、銘、記、序、説、銘、贊、文、辭、書、疏、雜著、題跋。目録標「五言古詩」等字，皆作白文。字畫清挺，元板之致佳者。有士禮居印記。

清容居士集五十卷　十六册　上海涵芬樓藏元刊本

元袁桷撰

此與郁氏宜稼堂所刻之祖本同，亦稍有殘闕闕卷二十七至二十九、三十七至三十九、四十七至五十，凡十卷，今皆精鈔補全。惟郁氏札記所云「漫滅」之字，此皆清朗，是此爲初印本。郁氏謂「字體秀整雅潤出一手良然」，又謂「原本無序文，不知其刻于何年」。按卷三十三述其祖父諱均闕末筆，他處亦有闕筆者郁氏札記皆失載，其爲清容家刻無疑。獨惜郁氏當日未能仿刊而擅易行欵，改竄人名，盡失元槧面目，幸古本再見，得以影印流傳，詎非快事？每葉二十行，行十六字，白口。有朱之赤、金孝章印記。

牧菴集三十六卷年譜一卷　八册　上海涵芬樓藏武英殿聚珍版本

元姚燧撰

宋文憲、黄梨洲皆稱姚牧菴爲一代作家，其集五十卷，元時有官版，迄明失傳，惟《永樂大典》所收頗多，館臣排比編次，尚得三十六卷。劉致撰《年譜》一卷，亦附于後。

道園學古録五十卷　十二册　上海涵芬樓藏明刊本

元虞集撰

首列至正六年歐陽玄序，後有至正元年門人李本跋，蓋編次出于門人太史夏臺，劉伯温刊于江右者也。此爲明景泰中鄭逵崑山重雕本。葉文莊《菉竹堂稿》卷八《書道園學古録後》云：「鄭令既得印本于淮雲寺中，即以元紙黏版刻之，此傳刻古書第一義，各卷後有附刻亦良是。」今此本收藏家皆視爲元槧，文莊之語固非漫然。有煙客、玉函山房印記。

翰林楊仲弘詩集八卷　一册　江南圖書館藏明嘉靖丙申翁氏刊本

元楊載撰

有致和元年臨江范梈爲杜伯原刻仲弘詩序范序前有至大二年裴庾序，繹其文義，似爲他書而作，乃題「又作翰林楊仲弘詩集序」，實不可解，嘉靖丙申梅南翁原匯重刻序。詩皆分體，《四庫》七卷，焦氏《經籍志》四卷，皆後人改編，此尚是杜伯原舊第。

揭文安公全集十四卷補遺一卷　四册　烏程蔣氏密韵樓藏舊鈔本

元揭傒斯〔一〕撰

每卷皆題「門生前進士燮理溥化校録」。一、二、三卷詩，四、五卷詩續，六卷制表，七卷書，八、九卷序，十、十一卷記，十二、十三卷碑誌，十四卷雜文，雜文後附《李節婦傳》及《桂陽縣尹范君墓誌銘》二首。孔葒谷輯詩二十六首，爲《補遺》一卷。明正德刊《秋宜集》，天順刊《文粹》及汲古閣刊《揭曼碩詩》皆不如此本之完備。有孔繼涵印記。

【校勘記】

〔一〕原文無「斯」字，誤，徑改。

范德機詩集七卷　二册　江安傅氏雙鑑樓藏影元鈔本

元范梈撰

卷首題「臨川葛雝仲穆編次，儒學學正孫存吾如山校刊」。每葉二十二行，行二十字，目録後有「至元庚辰良月益友書堂新刊」木記。范集十二卷本不傳于後，今惟存此選本耳。有秦敦伯印記。

吴淵穎集十二卷附録一卷　四册　江南圖書館藏明嘉靖刊本

元吴萊撰

卷首有胡翰、胡助二序，目後有吴士諤跋。集爲宋文憲所編，文憲仲子璲手寫上版。此嘉靖紀元當塗祝鑾重刊本目録後仍題「金華後學宋璲寫刊」。

金華黄先生文集四十三卷　十二册　無錫孫氏小緑天藏影元鈔本

元黄溍撰

卷前列至正十五年宣城貢師泰序，謂「先生文集總四十三卷，其初稿三卷則未第時作，危素所編《續稿》四十卷則皆登第後作，門人王生、宋生所編次」。《四庫》本十卷，正統本二十三卷，皆不完全，此從至正本影寫，文獻集最足本也。

圭齋集十五卷附録一卷　四册　上海涵芬樓藏明成化刊黑口本

元歐陽玄撰

前有宋濂、揭傒斯序，後有成化辛卯劉釪刻書跋。揭序云「歐陽先生集，曰詩流者三卷，曰鈆中者十卷，曰驅煙者十五卷，曰强學者十卷，曰述直者三卷，曰脞語者三卷，其門人王師模所輯」。今此集爲其孫銘鏞掇拾于灰燼之餘，止十五卷，已非文安所序之本，宋序亦未言及刊版，今所傳本當以此爲最古。

柳待制文集二十卷目録二卷附録一卷　八册　江陰繆氏藝風堂藏

元至正辛卯刊本

元柳貫撰

有危素、蘇天爵序，後有宋濂記。此至正間余闕浦江刊本，有刻書序。每葉二十四行，行二十字。首集中縫下有「陳元寧刊」四字，凡詩六卷，文十四卷，目録二卷，附録一卷。又從宋蔚如鈔本補文十五則。文肅集當以此爲最足。

薩天錫前後集　二册　上海涵芬樓藏明弘治刊黑口本

元薩都剌撰

薩集元刊八卷，此本不分卷。上册爲前集，下册爲後集，前有李舉、劉子鍾、趙蘭三序，蓋成化二十一年趙蘭刊於兗州，弘治十六年李舉又覆刻之也。有潘祖蔭印記。

句曲外史貞居先生詩集五卷　一册　上海涵芬樓藏影寫元刊本

元張雨撰

題「吴郡海昌張雨伯雨撰，江浙鄉貢進士姪誼編類，吴郡徐達左校正」。前有達左分隸序。每葉二十行，行二十字。汲古毛氏未見此本，故所刻不同。徐序亦多脱落，并脱「左」字。有平江黄氏圖書印記。

九靈山房集二十九卷外集一卷　六册　常熟瞿氏鐵琴銅劍樓藏明正統刊黑口本

元戴良撰

卷前有至正二十五年祕書少監揭汯序，烏傷王禕序，後有四明桂彦良序，洪武十二年金華宋濂題辭，皆以手書鏤木。《外集》後有正統十年從曾孫統跋，云「遺稿家藏已久，大懼散失，謹於正統甲子春募工鋟梓」，是此九靈集第一刻也。有汪士鍾印記。

倪雲林先生詩集六卷雜著一卷　三册　秀水沈氏藏明天順刊本

元倪瓚撰

題「荊溪蹇曦朝陽編集」，有曦後序及天順四年錢溥前序、卞榮題詞。此《雲林集》第一刻，黑口板，字畫古雅，或云出張伯雨、周南老輩手寫。

東維子文集三十卷附録一卷　六册　江南圖書館藏嗚野山房鈔本

元楊維楨撰

有洪武中華亭孫承序、萬曆己丑王俞後跋。三十卷中，詩僅兩卷，又以雜文六篇足之。《鐵崖集》傳本不一，此本以文爲主，故最完足。《附録》一卷，皆當時投贈之作也。

鐵崖先生古樂府十卷復古詩集六卷　二册　常熟瞿氏鐵琴銅劍樓藏

明成化己丑刊本

元楊維楨撰

此本雕刻極古雅，明成化己丑海虞劉傚重刊元顧氏玉山草堂本也。明人刻書序，今多爲書估割去，以充元槧。兹從各家藏本訪得補印，惟尚缺王益後序一葉耳。「古樂府」爲至正六年丙戌富春吴復輯，「復古詩」爲至正二十四年甲辰龍洲章琬輯，太史金華黄溍評。目録統作十六卷，卷中仍各分注。有平津館印記。

宋學士鑾坡集十卷鑾坡後集十卷翰苑續集十卷翰苑别集十卷芝園前集十卷芝園後集十卷芝園續集十卷朝京稿五卷　十四册　侯官李氏觀槿齋藏明正德刊本

明宋濂撰

此爲正德九年太原張縉刊本，景文手定，八編凡若干首，以細眼方格命子璲繕録精整，張氏得之，據以刊行。有蔣蘿邨圖記。

誠意伯文集二十卷　十册　烏程許氏藏明刊本

明劉基撰

《劉文成全集》有正德、嘉靖兩本，此則隆慶六年括蒼本也，最爲完備，摹刻亦精。

清江貝先生文集三十卷詩集十卷詩餘一卷　六册　烏程許氏藏

明洪武刊本

明貝瓊撰

文集每葉二十六行，行二十四字。詩集每葉二十二行，行二十一字，粗黑口。文集有洪武時天台徐一夔序，序後有「文章追古作」五大字。全書密行小字，明初本之最精者。文瑞樓重刻《清江集》時未見此本也。有貝墨香跋三則。有菉竹堂、金星軺、王蓮涇、貝既勤諸印記。

蘇平仲文集十六卷　五册　上元鄧氏群碧樓藏明正統壬戌刊本

明蘇伯衡撰

前有劉基、宋濂二序，正統壬戌處州府推官章貢黎諒跋。此諒官温郡時，以林與直本重刊也。劉序後墨筆題「浙江按察司副使劉發紹興府學公貯備覽，計四册，正德戊寅季夏二日」三行，蓋明時官書也。

高太史大全集十八卷　六册　江南圖書館藏明景泰庚午徐庸刊本

明高啓撰

有洪武初，胡翰、王禕、謝徽舊序，皆爲《缶鳴集》而作。景泰元年劉昌序云：青邱先生文集，舊一千若干篇，今二千若干篇，儒士徐庸所廣。卷首皆題「南州徐庸用理編」。蓋啓集永樂間刊十二卷，名《缶鳴集》。徐庸復搜輯逸篇，廣爲十八卷，稱曰《大全集》，是爲最備。

高太史鳧藻集五卷附扣舷集　二册　江南圖書館藏明正統甲子長洲刊本

明高啓撰

有正統九年周忱序，謂「啓詩藁久傳于世，而獨未見其文。兹編得之于啓内姪周立，乃命長洲縣丞邵昕以公錢刻置郡學」。序後有洪武乙卯李志光撰傳，末附《扣舷詞》，亦周立編集。

遜志齋集二十四卷附録一卷　十二册　上海涵芬樓藏明刊本

明方孝儒撰

《正學集》在明不一刻，此嘉靖辛酉吴郡范惟一按察浙江，檄唐堯臣輩據蜀本、寧海本、郡本參校重刻。

匏翁家藏集七十七卷補遺一卷　十二册　上海涵芬樓藏明正德刊本

明吴寬撰

集爲文定所自訂，其子奭刻之。李東陽、王鏊二序皆稱詩三十卷、雜文四十卷，總爲七十卷。今此本詩目相同，而文集實多七卷，又附補遺文六篇。徐源後序亦稱七十七卷，蓋七十一以下爲其子所附益也。

陽明先生集要十五卷年譜一卷　十二册　無錫孫氏小緑天藏明刊本

明王守仁撰

《陽明集》明時傳刻不一，崇禎中，施忠愍公邦曜以諸刻未得其要，因纂爲三帙，首理學，次經濟，又次文章。手加評點，刊諸閩漳，最爲精善。卷首載年譜，亦忠愍所編次也。

荆川先生文集十七卷外集三卷　十二册　上海涵芬樓藏明刊本

明唐順之撰

《荆川集》首刻於嘉靖己酉無錫安如石，此荆川外孫孫慎行重刊本。王慎中序後有「萬曆元年孟春吉日重刻於純白齋」一行，比安本多五卷。又輯策表、公移爲外集，康熙中，其六世孫執玉刊本亦無外集。荆川文以此爲備。

震川先生集三十卷别集十卷附録一卷　十二册　上海涵芬樓藏康熙刊本

明歸有光撰

《震川集》舊有崑山、常熟兩刻，互有異同，篇章則皆未全。此本爲錢牧齋與公孫文休所編，旁求廣采，視舊本增益不少。前有董正位、王崇簡、徐乾學、錢謙益諸人序，及玄孫玠編刻凡例。

亭林詩集五卷校補一卷文集六卷　四册　上海涵芬樓藏原刊本

清顧炎武撰

亭林詩文集皆先生身後，吴江潘次耕編刻。詩集嘗見一不全抄本，題《蔣山傭詩集》，字句與刻本大異，又多詩十數首，蓋潘氏刻書時有所避忌，不免竄改。今前四卷悉依抄本校補，以存其真。

亭林餘集一卷　一册　上海涵芬樓藏誦芬樓刊本

清顧炎武撰

凡文十五首，皆編集時門人所删者。乾隆中，彭紹升得抄本傳之。此光緒中合肥蒯氏重刻本，比彭刻多《與陸桴亭》一札。

南雷文案十卷外集一卷吾悔集四卷撰杖集一卷子劉子行狀二卷南雷詩曆三卷附學箕初稿二卷　八册　無錫孫氏小緑天藏原刊本

清黄宗羲撰

梨洲先生文行世者有《文定》《詩曆》《文約》三種。《文定》《文約》皆爲摘本，尚非全書。《文約》全謝山以爲不盡出先生手，惟《南雷文案》刊行在先，最爲難得。題《南雷文案》者十卷，《外集》一卷，有康熙庚申門人鄭梁序、門人萬斯大述世譜。題《吾悔集》一名

《續文案》者四卷，有自序。題《撰杖集》一名《南雷文案三刻》者一卷、《子劉子行狀》二卷、《南雷詩曆》三卷，有自序，艾南英、羅萬藻、陳際泰序。《子劉子行狀》外，並有圈點墨擲，皆先生手定，末附黄百家《學箕初稿》二卷。《文案》卷一缺《縮齋文集序》。卷五缺《馮中丞墓誌銘》《張司馬墓誌銘》。卷八缺《陳潮生節母墓誌銘》。卷九缺《錢忠介傳》。《學箕初稿》卷一缺《紅茉莉賦》《水蠟燭賦》，「桑海之交」語多忌諱，刻後又删去，今無從補得。

薑齋詩文集二十八卷　六册　上海涵芬樓藏船山遺書本

清王夫之撰

船山著述極富，今印其詩文集，凡《薑齋文集》十卷，《五十》《六十》《七十自定稿》各一卷，《柳岸吟》一卷，《落花詩》《遺興詩》《和梅花百詠詩》《洞庭秋詩》《雁字詩》《倣體詩》各一卷，《鼓棹集》二卷，《瀟湘怨詞》一卷，《詩譯》一卷，《夕堂永日緒論内外編》二卷，《南窗漫記》一卷，《薑齋詩賸稿》一卷。

牧齋初學集一百十卷目録二卷　三十二册　上海涵芬樓藏崇禎癸未刊本

清錢謙益撰

此集皆收牧齋在明之作，崇禎癸未瞿忠宣刊本，有刻書序，在目録後。首載西昌蕭士瑋《讀牧翁集》七則，及程松圓、曹能始二序。全書字迹仿柳體，鐫工爲旌德劉文華，款式極雅，迥非明季刻書可比。牧齋極講板本，此集力求精工，亦固其所中罹禁網，傳本絶少，世尤重之。凡詩二十卷，文八十卷，《太祖實録辨證》五卷，《讀杜小箋》三卷，《讀杜二箋》二卷。

有學集五十卷　十二册　上海涵芬樓藏鄒氏刊本

清錢謙益撰

牧齋入清所撰，未刻藁手編五十卷本。《初學集》舊例名曰《有學集》在族孫遵王處，無錫鄒流綺刻之，序稱「康熙甲辰」，是此書第一刻也，板旋燬，故傳本不多。其目與文多不合。文之篇葉小號，又不合。小號有云「一至五」者，有云「六至十四」者，以文有忌諱，故屢有抽换耳。

梅村家藏藁五十八卷補一卷年譜四卷　八册　上海涵芬樓藏董氏新刊足本

清吴偉業撰

康熙中顧湄、周纘編刊《梅村集》四十卷，《四庫》據以著録，後來靳、嚴、吴諸家《詩注》與顧師軾所輯《年譜》皆據此集，未覯他本。宣統初，武進董氏得舊鈔《吴氏家藏藁》六十卷。一至八爲「詩前集」，九至二十二爲「詩後集」，仍各自分體，殿以「詩餘」，二十三至五十九爲「文集」，終以「詩話」，以較舊刻，多詩七十三首、詩餘五首、文六十一首及詩話，其刻本有而藁本無者，詩文各八首。藁中溢出諸篇皆世所未見，其他標題字句亦視刻本爲詳，董氏釐爲五十八卷，舊刻所增詩文録《補》于後，附以《年譜》，得此則舊刻可廢矣。

漁洋山人精華録十卷　四册　上海涵芬樓藏林佶寫刊本

清王士禛撰

侯官林吉人手寫上版，莫子偲《經眼録》極重之。前有像及錢謙益序、《古詩一首贈王貽上》，後有康熙庚辰林氏手跋。

堯峰文鈔四十卷　八册　上海涵芬樓藏林佶寫刊本

清汪琬撰

此亦林吉人寫刻本，前有康熙癸酉宋犖門人惠周惕兩序、康熙壬申林氏後跋。有莫友芝印記。

曝書亭集八十卷附笛漁小藁十卷　二十册　上海涵芬樓藏原刊本

清朱彝尊撰

竹垞先生纂著曾兩付開雕，未仕以前曰《竹垞詩類》《文類》，通籍後曰《騰笑集》。晚歸梅會里，乃合前後所作，手自删定，更名《曝書亭集》。刻始于康熙己丑，曹通政荔軒捐貲倡助，工未竣而先生與曹相繼下世，其孫稼翁乞諸親故續成之，寫樣出自名手，密行小字，於清初諸大家集中最爲精雅。前有潘耒、查慎行序，仍録王士禎、魏禧、查慎行、曹爾堪、葉舒崇、柯維楨舊序。卷一賦，卷二至二十三詩，卷二十四至三十詞，卷三十一至八十文，以樂府附焉。後印者有抽燬處，此初印本文字皆完。先生子昆田《笛漁小稿》十卷，高層雲、張雲章序之，附刻以傳。

陳迦陵文集六卷儷體文集十卷湖海樓詩集八卷迦陵詞三十卷　十四册　上海涵芬樓藏患立堂刊本

清陳其年撰

其年集初僅刻儷體文，康熙丙寅丁卯間，其季弟子萬并詩古文刊之，己巳復刻詞，版心下方有「患立堂」三字，詩文序次與乾隆本不同。

敬業堂集五十卷續集六卷　十六册　上海涵芬樓藏原刊本

清查慎行撰

敬業堂集皆祇有總目五葉，惟武昌徐氏藏本各卷皆有子目，兹從之借補。

方望溪先生全集十八卷集外文十卷補遺二卷年譜一卷

十二册　上海涵芬樓藏戴氏刊本

清方苞撰

《望溪集》雍正中刻不分卷本，遺漏尚多，咸豐中桐城戴鈞衡搜輯遺文，分類編録，比舊刻增益不少。《年譜》道光中桐城蘇惇元編，《年譜》後更以集中文目，按年分録之，題曰「年譜附録」。

樊榭山房集十卷續集十卷文集八卷集外詩三卷又一卷集外詞四卷又一卷集外曲二卷

八册　上海涵芬樓藏振綺堂本

清厲鶚撰

《樊榭集》乾隆初年刊古今體詩八卷、長短句二卷，後又刊詩八卷、詞二卷，題爲《續集》，《四庫》據以箸録。《文集》則樊榭身後，門人汪沆編刻。《集外詩》一名《遊仙百詠》，乃山人少作，鮑氏知不足齋得其稿本刊之。光緒甲申，錢塘汪曾唯彙前後詩文爲一編，復搜緝未刊詩詞，與《迎鑾新曲》刻之，爲《樊榭集》最足之本。

惜抱軒文集十六卷詩集十卷　五册　上海涵芬樓藏原刊本

清姚鼐撰

惜抱以古文稱于海内，嘉慶辛酉，掌教鍾山書院，學者裒録其文刻之，而以古今體詩附其後，即此本也。此惜抱文字第一刻，有桐城姚原綋序。

戴東原集十二卷　四册　上海涵芬樓藏經韵樓刊本

清戴震撰

《東原集》孔體生刊本十卷，此臧在東、顧子述增益本也。前有段玉裁序，後附《年譜》及覆校札記。

鮚埼亭集三十八卷經史問答十卷鮚埼亭集外編五十卷

三十二册　上海涵芬樓藏原刊本

清全祖望撰

謝山著述，《經史問答》傳刻最先阮文達序當是後增。嘉慶甲子，餘姚史夢蛟得《鮚埼亭文集》定本刻之，並購得《經史問答》舊板，合印以廣其傳。《外編》則乾隆四十年，門人董少鈍手鈔於那地州判官署者。目録後有刻書跋，不箸姓氏，嚴悔菴謂出蕭山汪繼培手。

鮚埼亭詩集十卷

三册　無錫孫氏小緑天藏舊鈔本

清全祖望撰

謝山遺稿悉存同縣抱經樓盧氏，此即盧氏鈔本，可云遠有端緒。卷一《書帶草堂》至《阿育王山晉松歌》十二首，爲《句餘唱和集》刻本所闕，刻本又闕《雙湖竹枝詞》《再疊雙湖竹枝詞》二題。

洪北江詩文集六十六卷年譜一卷　二十册　上海涵芬樓藏《北江遺書》本

清洪亮吉撰

北江先生通籍前後所作詩文爲《卷施閣文甲集》十卷、《乙集》八卷、《詩》二十卷、附《鮚軒詩》八卷、《擬兩晉南北史樂府》二卷。嘉慶五年，天山放歸，則有《更生齋文甲集》四卷、《乙集》四卷、《詩》八卷、《詩餘》二卷。門人呂培等編次《年譜》一卷，列于卷首。

孫淵如詩文集二十一卷附長離閣集一卷　八册　上海涵芬樓藏原刊本

清孫星衍撰

淵如先生始官比部時，在都集十餘年前舊作，刊爲《問字堂集》六卷。及監司東魯，權臬歷下，又彙諸作爲《岱南閣集》二卷。僑居金陵，有《五松書屋稿》一卷、《嘉穀堂集》一卷。再官東省，續刊《平津館稿》二卷。此五種後均與《岱南閣叢書》並行。《芳茂山人詩録》九卷，則先生身後，其弟南麓所編刻，而與《平津館叢書》並行者也，後附《長離閣詩集》一卷，其配王采薇所作。

抱經堂文集三十四卷 八册

閩縣李氏觀槿齋藏嘉慶丁巳刊本

清盧文弨撰

此集編刻原委詳見目録後蕭山徐鯤識，云「乙卯之春，抱經先生整比自著文集，至冬十一月已刻成二十五帙，尚未定卷次先後，而先生遽歸道山。鮑君以文力任剞劂工，以鯤與先生有知己之感，因屬校讎。幸孫頤谷侍御相與商榷。又與桑孝廉典林定標目之例。其續刻十餘卷，當諈諉梁君曜北定之」云云。前有段玉裁、翁方綱撰墓誌銘二首，助梓及校訂姓氏二葉。每卷後有分校弟子姓名。歸安嚴元照《悔菴學文》卷八識此本「編次芟汰有不可解者」，頗中其失。但除此本外，今無他刻。嚴氏云「刊成五十卷」，徐氏謂尚有「續刻十餘卷」，今續刻未見，而此本亦僅有三十四卷，未知海内尚有足本否。

潛研堂文集五十卷詩集十卷詩續集十卷　十六册　上海涵芬樓藏嘉慶丙寅刊本

清錢大昕撰

辛楣先生所著書，生前多已刊行，詩文集則捐館後三年梓成。《文集》五十卷，分爲十四類者，先生所手定，有段玉裁序。《詩集》有自序。《續集》有錢大昭序。每卷後有分校弟子姓氏。

述學内篇三卷外篇一卷補遺一卷别録一卷春秋述義一卷　二册　無錫孫氏小緑天藏汪氏精刊本

清汪中撰

此嘉慶中，其子孟慈精刻本。《内》《外篇》皆依容甫寫定目録付刊。文與目録不同者，録爲《補遺》。目所不載者，倣蔡邕《外集》例，爲《别録》終焉。粵雅堂、淮南書局據此翻刻，而皆少《春秋述義》一種。

汪容甫遺詩五卷補遺一卷附録一卷　一册　無錫孫氏小緑天藏汪氏精刊本

《容甫遺詩》爲劉台拱寫定，孟慈依之鋟木。《補遺》七首則孟慈所輯，又録詩選、題詞及投贈、哀挽之作爲《附録》。

揅經室一集十四卷二集八卷三集五卷四集二卷詩十二卷續集十一卷外集五卷　二十册　上海涵芬樓藏原刊本

清阮元撰

前載道光癸未自序。《一集》至《四集》乃文達手自編定，其一則説經之作，其二則近于史之作，其三則近於子之作，其四則駢體有韵之作。文達謂「必如《文選序》所謂『事出沉思，義歸翰藻』者，始得稱之爲文」，故其類編之例如右。《續集》亦用此例。《外集》一名《四庫未收書提要》，多出鮑廷博、何元錫之手，蔣生沐《書目絶句》云「原委已教何鮑訂，好從紀陸嗣高才」，即指此也。

大雲山房文稿初集四卷二集四卷言事二卷補編一卷　六册　上海涵芬樓藏同治刊本

清惲敬撰

《大雲山房文藁》皆惲氏手定，有自序及《通例》二十五則，以明譔述及所以去取之故。總目後又列編年目録，不異年譜也。《補編》乃其孫念孫所輯。

定盦文集三卷續集四卷補文一卷詩二卷雜詩一卷無著詞選一卷小奢摩室詞選一卷　三册　上海涵芬樓藏吴氏刊本

清龔自珍撰

《文集》《續集》皆龔氏手寫定本。亂後，是書流閩中，其友仁和曹籀屬錢唐吴煦刻之，補刻五種，又後來所添入也。

定盦文集補編四卷　一册　上海涵芬樓藏朱氏刊本

光緒中，蕭山湯伯述從龔氏子姓搜得吴氏未刻文六十六篇，平湖朱之榛刻之。按禮部《己亥雜詩注》「予不携眷屬傔從，雇兩車，以一車自載，一車載文集百卷出都」，《補編·紙[一]冢銘》「龔子瘞其所棄之言三千七百九十一紙」，然則自手定之七卷外，殆已埋諸地下，故所傳不及什一耶。

【校勘記】

〔一〕原文「紙」誤作「紀」，徑改。

茗柯文四編四卷　二册　上海涵芬樓藏刊本

清張惠言撰

四編皆皋文先生用編年體編定，刻于嘉慶十四年，阮文達序之。此同治八年重刻本，添入惲子居評點。

茗柯文補編二卷外編二卷　一册　上元宗氏藏刊本

此道光中仁和陳善得皋文未刻文如干首刊之，釐爲《補編》《外編》二種。

曾文正公詩集三卷文集三卷　四册　上海涵芬樓藏原刊本

清曾國藩撰

文正文集，同治十一年有兩刻，一《求闕齋文鈔》不分卷，載文五十二篇，桐城方宗誠編次，李文忠刻之。一《曾文正公文鈔》四卷，載文六十七篇，並附《經史百家簡編目録》，常熟張瑛編刻。皆不載詩，文亦未全。此曾公全書本，最爲完備。

六臣注文選六十卷　三十册　上海涵芬樓藏宋刊本

每卷第一行題「六臣注文選卷第幾」，第二行低六格「梁昭明太子撰」，第三行「唐李善并五臣注」，或第三行題「唐李善注」，第四行題「唐吕延濟、劉良、張銑、吕向、李周翰注」。首載吕延祚《進五臣集注表》、高力士宣口敕，次昭明太子序。左闌外皆標篇名。其注李善在前，五臣在後。崇賢發凡起例之處，皆以墨擲識之。「玄」「匡」「貞」「徵」「恒」「桓」「覯」「轂」諸字皆闕筆。每葉二十行，行十八字，夾注每行二十三字。

玉臺新詠集十卷　三册　無錫孫氏小緑天藏明五雲溪館活字本

陳徐陵撰

總目分列每卷前，每葉二十行，行十九字，版心上方雙行題「五雲溪館活字」。前有徐孝穆序，題「玉臺新詠集」，結銜題「陳尚書左僕射太子少傅東海徐陵孝穆撰」，後有嘉定乙亥永嘉陳玉父序，又《郡齋讀書志》一則，此本在寒山趙氏刻本前，取校不同。

中興閒氣集二卷校補一卷　一册　秀水沈氏藏明翻宋刊本

唐高仲武撰

每葉二十行，行十八字，行款與武進費氏翻宋刊本同。今從江安傅氏藏何義門校本，補高仲武序及張衆文、章八元、戴叔倫、孟雲卿、劉灣五人評語，又録其異同爲《校補》。

河岳英靈集三卷札記一卷　一册　秀水沈氏藏明翻宋刊本

唐殷璠撰

卷首載殷璠序，及集論次姓氏一葉，次目録。明初與《國秀集》同刻，源出於宋。目録前有「謹啓」六行，刻成見毛斧季、何義門兩校本，録其異同，爲《札記》，附於卷後。

國秀集三卷　一册　江南圖書館藏明刊本

唐芮挺章撰

此本選唐人詩二百二十篇，天寶三載，國子生芮挺章撰，樓穎序之。《唐書·藝文志》、宋《崇文總目》皆闕而不録。大觀中，賀方回得之，遂傳于世。此明初單刻本，不易見也。

才調集十卷　三册　德化李氏藏述古堂影宋寫本

蜀韋穀撰

每卷首題「才調集第幾」，次空一字題「某體詩若干首」，次空二字題「某人詩若干首」。每葉二十行，行十八字。「貞」「恒」「驚」「境」等字有闕筆。述古堂影寫宋書棚本，《讀書敏求記》著録，精審無異宋刻。有錢遵王、錢求赤、宋蘭揮等印記。

古文苑二十一卷　四册　杭州蔣氏藏明成化刊本

宋章樵注

《直齋書録》稱「孫巨源得唐人所藏詩賦雜文二百六十餘首于佛寺，南宋淳熙間，韓元吉次爲九卷，紹定間，章樵爲之注，訂爲二十卷，其第二十一卷則皆殘文逸句以俟訪求者」。此明成化建陽刊本，有張世用刻書序。有何義門、朱竹垞印記。

文粹一百卷　十六册　烏程蔣氏密韵樓藏元翻宋小字本

宋姚鉉撰

首有姚鉉序，無總目。卷首題「文粹卷第幾」，空五字題文體並首數，次題「吴興姚鉉纂次」，空三字列目録，目上側注門類。每葉三十行，行二十五至二十八字不等。中縫題「唐文幾」或題「文粹幾」，後有寶元二年吴興施昌言叙，謂「文粹卷葉浩繁，傳録未易，臨安進士孟琪爰事摹印，以廣流傳」，此即重開其本。

西崑酬唱集二卷　一册　上海涵芬樓藏舊抄本

不箸編輯名氏

錢牧齋求《西崑酬唱集》而不得，毛斧季得抄帙于吴門，始傳於世。此本從嘉靖丁酉高郵張綖刊本出，爲是集最舊之本。

樂府詩集一百卷　十六册　上海涵芬樓藏汲古閣刊本

宋郭茂倩撰

此書收藏家皆尚元刻，今所流傳大率皆明南監補版，闕字脱葉多不可數，不如汲古閣本之精善。中吴許氏藏陸敕先校宋本，跋言「毛本依絳雲樓宋本重雕，又借郡中欽遠遊宋本比校，遠勝元本，惜乎世無有知之者」云云，陸氏此言洵具特識。首有至元六年李孝光序，有闕字，元本亦然毛氏從元本增，故闕文亦同，至正中周慧孫序。毛本所闕，今從元本補。

皇朝文鑑一百五十卷目録三卷　四十册　常熟瞿氏鐵琴銅劍樓藏宋刊本

宋吕祖謙撰

卷首跨行題「皇朝文鑑」四大字，次二行低三格題「朝奉郎行祕書省著作佐郎兼國史院編修官兼權禮部郎官臣吕祖謙奉聖旨詮次」，後接進書札子、謝賜銀絹除直祕閣表，及周必大序。又次爲總目，跨行題「新雕皇朝文鑑總目」八字，以下每門標目如賦、律賦之類，皆跨行頂格題大字，其卷數皆别行低一格。總目後爲目録。每葉二十行，行十九字，板心著字數及刊工名。「讓」「署」「桓」「構」「瑋」「敦」「擴」减筆，而理宗諱不减筆，是嘉泰間新安郡齋初印本，非端平重修本也。瞿本有鈔配，復借北京圖書館殘宋本補印謝表，後有崇禎甲戌王季仙手跋。有葉文莊、吴原博、張米菴、項藥師、毛子晉印記。

中州集十卷中州樂府一卷　四册　上海涵芬樓藏董氏影元刊本

金元好問撰

《中州集》行世惟汲古閣本，《樂府》删去宗室從郁、張中孚、王繪折、元禮四人小傳，久爲世所譏。武進董氏新以元延祐二年本影刻，悉正毛本之誤。槧刻精妙，神明焕然，洵有出藍之槩。每葉三十行，行廿八字，粗黑綫口。卷首書名皆跨行大字，摠目冠「翰苑英華」四字。

谷音二卷　一册　上海涵芬樓藏舊鈔本

元杜本撰

卷末有蜀郡張㮶書都睦記，張氏言「刊于平川懷友軒」，今舊槧罕傳，此惠氏紅豆書屋精鈔本也。有惠定宇印記。

河汾諸老集八卷校補一卷　一册　烏程劉氏嘉業堂藏影元寫本

元房祺撰

房祺序後有「皇慶癸酉六月吉日尊賢堂高昂霄具原誤共白」八行，蓋元時書坊雕本，影寫精妙，無異真蹟。每葉二十行，行十七字。汲古閣、粤雅堂兩本皆從此出，而款式已非。近刻《元人選元詩》本，欵式雖同於元本，脱誤處已據别本校改，不如影寫本之尚存廬山真面也。今復臚列諸本異同，别爲《校語》附後。有雲自在龕印記。

國朝文類七十卷目録三卷　二十册　上海涵芬樓藏元刊本

元蘇天爵撰

此至正二年杭州路西湖書院刊本。前有《准中書省請刻咨》，又《移西湖書院修板咨》，王理、陳旅、王守誠皆有序。每葉二十行，行十九字，上下小黑綫，間有粗黑綫，則明時補刊之葉。有吴嘉泰、漢唐齋、卧雪廬諸家印記。

皇元風雅前集六卷後集六卷　二册　上海涵芬樓藏高麗翻元刊本

《前集》標「盱江梅谷傳習説卿采集」，《後集》「儒學學正孫存吾如山編類」。兩集悉列虞道園名。《前集》有序，亦題道園名。此本與《鐵琴銅劍樓目》之梅谿精舍本、《皕宋樓目》之李氏建安書堂本皆不同，知元時不止一本也。《後集》目録後有碑牌云「本堂今求名公詩篇，隨得即刊，難以人品齒爵爲序，四方吟壇士友幸勿責其錯綜之編，倘有佳章，毋惜附示，庶無滄海遺珠之嘆云，古杭勤德書堂謹咨」。此本紙墨逼真元槧，非吾國仿刻本可及。

皇明文衡一百卷目録二卷　二十册　無錫孫氏小緑天藏明刊本

明程敏政撰

卷前列程敏政自序，後有嘉靖丁亥盧焕重刊跋。此書程氏先具目録，未及成書，身後其猶子得手寫之目，遍訪海内藏書家，依目分編，始克成書，求之不得者，於目下注「缺」字，隨有所得，輒刻附於後，不復類入。卷九十九至一百兩卷皆補缺之文。有盧氏抱經樓印記。

文心雕龍十卷　一册　上海涵芬樓藏明刊本

梁劉勰撰

此本前後無刻書序跋，審其紙墨，當是嘉靖間刻本。卷八《隱秀篇》「珠玉潛水而瀾表方圓」下、「涼風動秋草」上，闕四百餘字，元明刻本皆然，今據錢功甫校宋本補録卷末。

唐詩紀事八十一卷　十六册　上海涵芬樓藏明嘉靖刊本

宋計有功撰

有明孔天允刻書序，蓋嘉靖乙巳錢塘洪楩重開宋嘉定甲申王禧本也。汲古閣本即從此出。

增修詩話總龜四十八卷後集五十卷　十二册　上海涵芬樓藏明嘉靖刊本

宋阮閱撰

前有李易、張嘉秀二序，後有程珖跋。阮氏元書名《百家詩話總龜》，《前》《後集》各五十卷，共一百有五門，嘉靖中月窗道人得鈔帙，命程珖校刻，卷帙分類多與元本不同，故標「增修」二字。

花間集十二卷補二卷　三册　杭州葉氏藏明萬曆壬寅玄覽齋刊本

蜀趙崇祚撰

歐序後有「萬曆壬寅孟夏玄覽齋重梓」一行，巾箱本，字跡略帶行體，刻印俱精。《補》二卷題「西吴温博編次」。《花間集》收藏家皆重陸元大本，陸本作十卷，此作十二卷。陸本趙崇祚、歐陽炯均題蜀人，此本均題唐人。然篇數字句兩本皆無同異，而此本較爲罕見。

樂府雅詞三卷拾遺二卷　二册　上海涵芬樓藏抄校本

宋曾慥撰

《樂府雅詞》向無傳本，嘉慶中，江都秦氏以鮑氏知不足齋校本刊行。此本通體經渌飲詳校并加圈點，乃石研之祖本也。字句與刊本有異同處。有古香樓、知不足齋、秦漢十印齋印記。

唐宋諸賢絶妙詞選十卷　二册　上海涵芬樓藏明翻宋本

宋黄昇撰

每葉二十行，行二十字。小黑口，有淳祐己酉進士胡德方序。

中興以來絶妙詞選十卷　三册　無錫孫氏小緑天藏明翻宋本

有淳祐己酉自序，此與《唐宋詞選》並刊，故欵式相同，卷末有碑牌云「萬曆二年七月既望，龍丘桐源舒氏伯明新雕梁谿寓舍印行」。

增修箋注妙選群英草堂詩餘前後集二卷　二册　杭州葉氏藏明刊本

不箸撰人。

卷上爲《前集》，卷下爲《後集》，並附《名賢詞話》，與洪武壬申遵正書堂本同，卷末有「安肅荆聚校刊」一行。

朝野新聲太平樂府九卷　二册　烏程蔣氏密韵樓藏元刊本

元楊朝英撰

首列總目二葉，姓氏一葉。每卷首跨行大字題「朝野新聲太平樂府卷之幾」，卷尾亦然。次行題「青城澹齋楊朝英集」，次空二字題「某類」，次空三字跨行題曲名。每葉二十八行，行二十三四字，題序么均黑質白字。有黄蕘圃手跋。此書元槧罕見，誠蕘圃跋中所云「珍祕之至」者也。闕至正辛卯巴西鄧子晉序，今從士禮居舊鈔本補得。有朱卧庵、黄蕘圃、味蘭軒等印記。

四部叢刊刊成記

《四部叢刊》始於己未，越今乃潰於成，爲書三百二十三部《二十四史》〔一〕不在内，都八千五百四十八卷四種無卷數，二千一百册。賴新法影印之便，如此巨帙煞青之期，僅費四年，誠藝林之快事。採用底本，涵芬樓所藏外，尤承海内外同志之助，得宋本三十九，金本二，元本十八，影宋寫本十六，影元寫本五，校本十八，明活字本八，高麗舊刻本四，釋道藏本二，餘亦皆出明清精刻，當兹神洲〔二〕多故，國學寖微之日，名山之藏不翼而至，微言大義，繼續之機，緊於是賴，豈惟敝館感氣求聲應之雅，而永矢勿諼也哉？彙刻之旨，見於啓事，詳於例言，不煩再述。惟史部目載徐乾學《資治通鑑後編》，集部目載章實齋遺書《苕溪漁隱叢話》，今皆未印，而增入《資治通鑑紀事本末》《孳經室全集》《唐詩紀事》，緣徐氏《通鑑》不如畢本之詳，涵芬所藏手稿，取對富陽夏氏刊本亦無大異。實齋之書，近烏程劉氏已爲鋟梓，《漁隱叢話》不如《唐詩紀事》之難得也。諸書版本亦與前目略有變通，要皆後勝於前。如經部《禮記》，初用明本，今用宋本。《説文繫傳》，初用祁氏刊本，今用影宋鈔本。《玉篇》，初用鈔本，今用元本。史部《資治通鑑釋文》，初用十萬卷樓本，今用宋本。《大唐西域記》，初用明本，今用宋本。子部《韓非子》，初用明本，今用黄蕘圃校影宋鈔本。《脈經》，初用明本，今用元本。《翻譯名義集》，初用元本，今用宋本。集部《杜工部詩集》，初用明本，今用宋本。《皎然白蓮禪月三集》，初用汲古閣本，今用影宋明鈔本。《廣成集》，初用鈔本，今用明正統《道藏》本。《東坡集》，初用明本，今詩文兩集均用宋本。《後山集》，初用鈔本，今用高麗活字本。《盤洲集》，初用洪氏刊本，今用影宋鈔本。《鶴山集》，初用安氏活字本，今用宋本。《范德機詩集》，初用明本，今用影元鈔本。《文選》，初用明本，今用宋本。《樂府雅詞》，初用《詞學叢書》本，今用鮑渌飲校本。《花庵詞選》，初用汲古閣本，今用萬曆仿宋本。又如《丁卯詩集》擬用元大德刊有注本，《石湖居士文集》擬用明金蘭館活字本，《皇元風雅》擬用元梅溪書院三十卷本，而此三種印本漫漶，攝影之後，竟同没字。故《丁卯集》易以影宋鈔本，《石湖集》易以愛汝堂本，《皇元風雅》易以高麗十二卷本。目載沈寶硯校本《南華真經》，套印後見宋刊，與沈校有異同，乃録爲札記附於卷後，不復用朱墨套印。更若方望溪之改用戴刻，汪容甫之加入遺詩，茗柯、定盦亦均有補編，此非喜爲更張也，書囊無底，善本難窮，隨時搜訪，不敢自足。敝館區區苦心，其諸君子所不鄙棄者歟。書名卷數及惠假善本諸家姓氏，並詳書録。壬戌十二月商務印書館謹識。

《四部叢刊書録》前已隨書刊附，今全部印成，復依四部次第以排比之。仿近代藏書志之體，述其名數版本收藏圖記，粗具綱領，冠於全書之首，以便稽覽。若夫綜班《志》劉《略》之精微，爲晁《志》陳《録》之論定，則讀是書者之事也。走也不敏，非所及焉。玄黓閹茂仲冬之月，無錫孫毓修識後。

【校勘記】

〔一〕核對一過，僅得三百二十二部（二十四史算一種，亦計在内）。

〔二〕「洲」，重印本作「州」。

涵芬樓祕笈書後題跋

涵芬樓祕笈序

阮文達公謂「傳刻古書，於己謂之有福，於人謂之有功」，旨哉言乎！然刻而勿善，失古人之真本，貽後人以巨謬，如明季陳眉公派者，猶勿刻也。是宜折衷於顧千里之言，顧氏之言曰「爲宋元本計者，當舉不可少之書，覆而墨之，勿失其真。是縮今日爲宋元也，是續千百年爲今日也」。毓修竊謂，覆刻舊本皆當墨守此言，匪獨宋元本也，翻刻舊版，勿稍改易，疑以傳疑，誤以傳誤，行款版口，缺筆邊線，一一惟肖，先輩謂之「影刻」，其風始於南宋，至近代而益謹，於顧氏所云「毋失其真者」，其庶幾焉。今收藏家遇前人影刻之書，珍重與天水、蒙古槧本等，蓋以此也。自攝影之術大行於世，影刻之精，又爲顧氏所不及料。摹寫上版，雖字畫不改，終覺貌似而神遺，攝印則神貌兼至，其善一矣。古書多一斠録則多一謬誤，故書貴原本，攝影既不煩斠録，自不失本真，其善二矣。鏤版可以傳久，而不能速成，攝印則可速成，而亦能傳久，其善三矣。莫友芝《知見傳本書目》亟許石印《孔子家語》爲善本，良有以也。辛亥鼎革，八方雲擾，獨海上晏如。東南遺老，避地來者，皆喜收藏，善本日出，而涵芬樓以公司之力，旁搜遠紹，取精用宏，收藏最富。閔古本之日亡，舊學之將絶，出其宋元善本，次第攝印，彙入《四部舉要》，成古今未有之叢書。復以舊鈔舊刻、零星小種、世所絶無者，别爲《祕笈》，仿鮑氏《知不足齋叢書》之例，以八册爲一集，月有所布，歲有所傳，其用心亦勤矣。採用新法，流傳古本，書之善而卷之多，尤前人之所不及，而爲箸録家别開生面者也。丙辰九月五日無錫孫毓修序。

涵芬樓祕笈第一集

目録

忠傳跋

《永樂大典》卷四百八十五之下半至卷四百八十六爲《忠傳》，不著撰人。《文淵閣書目》亦不載。陸存齋謂「《大典》所採，有出於文淵閣外者」，此亦一證也。《四庫》附存其目，注云《永樂大典》本，明初人著，四卷。今所存《大典》一册，「文臣」自子産至歸暘止，而無「武臣」，當非完書。《四庫》存目中書流傳絶少，《永樂大典》更稀如星鳳，雖屬殘卷，亦足珍也。其書以流俗本馬融《忠經》爲主，仿宋人平話體，引史事以闡演之，每事皆有畫像。前輩謂《大典》録宋元平話小説甚多，館臣鈔緝遺書，以非朝旨所及，皆未録進，僅見此耳。《大典》正本，燬於嘉慶丁巳乾清宫之災，副本雖存，迭經咸豐庚申、光緒庚子之亂，縢囊帷蓋，亡佚已多，其幸而存者，或流至外國，或散入私家，辛亥鼎革，止存六十四册。毓修在滬先後覽得十册，抄出《西湖老人繁勝録》及此，並爲刊行。此以有圖，即用原本縮印。自來《大典》本無以原本影刻者，此殊别開生面云。丙辰九月二十一日無錫孫毓修跋。

續墨客揮犀跋

右《續墨客揮犀》十卷，無撰人名氏。《孴經室進書録》定爲宋彭乘。考北宋有兩彭乘，一爲華陽人，真宗時進士，官至翰林學士，《宋史》有傳。作此書者，則筠州高安人也。卷四稱神宗爲「今上」，僅知其爲神宗時人，仕履不可考。《前録》十卷，商氏《稗海》有刻本。《續録》在明世雖有傳録，祇存數條，十卷之舊，亡佚已久。涵芬樓藏舊鈔本，每葉十八行，每行十八字。事涉宋帝皆空格，宋諱亦有闕筆，蓋猶是從宋本寫出者。迭爲惠氏紅豆山房、顧氏藝海樓所藏，允稱祕笈。亟爲影印，使七百年久晦之書復顯於世也。首葉缺去數行，安得宋本復出，俾成完帙哉！丙辰八月孫毓修記。

復齋日記跋

右《復齋日記》二卷，明許浩撰。浩字復齋，餘姚人。弘治中，以貢生官桐城縣教諭。與作《通鑑綱目》之「函谷山人」許浩同姓名，又同時，實各一人也。然浩亦有《宋史闡幽》《元史闡幽》各一卷。此書皆記述明初以來朝野雜事，亦史家之支流餘裔，蓋與函谷山人俱留意于乙部之學者。《四庫存目》譏其誤記高啓「兒能成名妾不嫁，良人瞑目黄泉下」句，爲章綸之母所作；謂「王振初時閑邪，納誨以成英廟盛德」，最爲紕繆。然遺文逸事，多足爲考訂之資。傳本絶罕。此爲明人藍格鈔本，謬誤斷爛處多不可通，雖經前人校過，仍未能一豁烏焉魚魯之悶也。校印時，有灼然知其訛者，據義改之，有史書可證者，據史改之，餘仍其舊，以俟知者。丙辰新秋孫毓修識。

附清默道人跋：右《復齋日記》二卷，乃前明人許浩所撰。其書所載，皆當時朝政，間及前代别録，然於正統、景泰之間攝政復辟之事，言之獨詳，大約與葉文莊《水東日記》諸書相爲表裏，皆傳述一時目擊耳聞，而筆諸簡牘，以爲後世稗官野史之資助者也。惜鈔手陋劣，挂漏錯誤，一葉七八，兼經霉爛，不堪卒讀。丁酉天中節後一日，雨窗無事，開卷讀一過，有確信其非者，直以朱筆校正數處，疑信參半者，另以條紙標識上方。他日倘遇善本以正其誤，豈非一大快事哉！清默道人。

識小録跋

右《識小録》四卷，題「活埋菴道人徐樹丕」撰。考樹丕字武子，長洲人。明季諸生。姚希孟器重之，妻以女。屢試不利，益博覽群籍，善楷書，兼工八分。國變後隱居不出，卒于康熙癸亥，子晟亦六十六矣。所著《中興綱目》《識小録》《杜詩注》《埋菴集》四種。惟《蘇州府志·藝文志》載其名，藏書家無著録者。此《識小録》四册，尚是手稿。卷三記宋季諸遺老詩，故國舊君之思，時流露于筆墨間，不徒遺文逸事、足資談助而已。禁網高張之日，惟恐錮之不嚴，閲二百七十年，東海揚塵，滄桑又見，而此書適出，紙墨如新，未隨雲煙以俱散，豈非作者之靈爽實式憑之！丙辰中元留菴跋尾。

涵芬樓祕笈第二集

目録

蓬窗類記跋

右《蓬窗類記》五卷，明黄暐撰。暐字日昇，號東樓，吴縣人。弘治庚戌進士，官至刑部郎中。明刻《煙霞小説》有《蓬軒吴記》《蓬軒别記》，一書歧爲二名，又誤題「楊循吉著」，豈以傳本出于君謙，致有此誤耶？此明初鈔帙，尚是足本，分二十八紀，皆不出鄉里故實，亦《中吴紀聞》之流亞也。舊藏楊夢羽家，前三卷又經黄蕘翁手校，愈足爲此書引重。擺印時爲分注當句之下，以存其真。鈔本顯然謬誤，黄氏據别本改正者，不復引也。卷一至二有隆慶間人海虞陶菴子手評，於本書不無瀹注之益，因仍存之。乙卯冬月無錫孫毓修小緑天識。

山樵暇語跋

右《山樵暇語》十卷，明俞弁撰。見《四庫》附存目，提要不詳始末，故列于明季諸家間。今按，弁字子容，又號守約居士，正嘉時人。後序甚明。《四庫》據天一閣本著録者，蓋失其後序也。書中稱吴文定公、王文恪公爲鄉人，則亦吴人也。卷五「予一日訪唐子畏於城西之桃花塢别業」云云，又知其爲六如之友。是書雜録古今瑣事及詞章典故，間加考證，亦有全録舊文者，體例在詩話、小説間。卷十引宋俞文豹《吹劍録》以自況，并效文蔚題詩二絶，可知其宗旨之所在矣。然紀載翔實，不如文蔚之議論紕繆。四百年來，傳本絶稀。涵芬樓得華亭朱象玄手鈔本，有「朱象玄氏」朱文方印，「朱氏象玄」「太史氏印」白文兩方印。象玄快閣藏書，久已散爲雲烟，昔年曾見大德本《漢書》捺其藏印。此出手鈔，彌可珍也。丙辰夏正十二月無錫孫毓修跋。

霍渭厓家訓跋

右《家訓》一卷，毛鈔本，明霍韜撰。韜字渭厓，廣州府南海人。正德甲戌會元。值江彬、錢寧等擅權，遂隱西樵。世宗朝仕至南京禮部尚書，卒謚文敏。此本首有自叙二篇，後有孫育叙，謂「作於正德丁卯，刻於嘉靖己丑」。毛氏仿宋本款式模寫，有子晉、斧季兩代藏印，精雅絶倫。順德羅雲山編刻《渭厓文集》，載《家訓》十四條，皆分録前言往行可爲法戒者，與此無一字相同。倫以諒撰《文敏傳》，稱「所著有《詩經解》《象山學辨》《程朱訓釋》《霍氏家乘》《渭厓集》《西漢筆評》」。《四庫存目》有《明良集》《渭厓文集》，皆不及《家訓》，傳本之罕可知。文敏議尊興獻爲皇考，則斥司馬公不知忠孝，不當從祀孔廟；合祀天地，則並詆及《周禮》，以是爲世詬病。今觀其《家訓》敬宗收族，有象山義門之風，仿而行之，洵足挽回末俗，不徒祕帙是誇也。丙辰夏正孔子生日無錫孫毓修跋。

説略跋

《説略》不分卷，明黄尊素撰。尊素字真長，餘姚人。萬曆四十四年進士，天啓時官至職方郎中。三疏劾魏忠賢、客氏，下詔獄，知獄卒將害己，遂自盡。福王時追謚忠端。《明史·藝文志》《千頃堂書目》載公遺集六卷，而無《説略》之名。梨洲表章先德，無所不至，亦未及此。今考書中所記，悉與《明史》本傳相合。如規鄒元標講學，爲掌科朱五吉、郭默清將論劾南皋而發。萬元白杖死，傳止載公疏，此并言元白議鎔宫中廢器古銅以濟陵工，謂萬之死杖足惜，而發銅非所訓也。皆較本傳爲詳。楊大洪將劾魏忠賢，傳言魏大中以告，此作掌科知之。此又與傳互有異同。所記時事，起自辛酉，至于乙丑而止。考公以丙寅閏六月死，而被逮于乙丑之夏，倉皇就道，不暇握管，亦固其宜。間有附志，於本書甚有淪注之益，多引天啓後事，遇明帝亦不空格，或是明季遺老之所爲，而稱忠端爲忠節，豈傳聞之誤歟？此爲古香書屋項氏鈔本，校而傳之，亦有助于史氏者也。丁巳元宵無錫孫毓修跋。

消夏閑記摘抄跋

右《消夏閑記摘抄》三卷，舊鈔本。題「平江洒然道人顧公燮撰」。公燮爵里無考，僅據卷首菱湖閑人撰傳，知爲吴郡諸生，少從陸桂森、張九葉學，好蒐羅稗野，著書自娱，有《消夏閑記》《致窮奇書》若干卷。《致窮奇書》二册亦見鈔本，將以次傳鋟。顧氏書名《消夏閑記》，此不知何人摘抄，元書遂不可見。中卷《遇變記略》乃録自南州聾道人書餘所記，悉爲平江故實。書作於乾隆季年，正吴門盛極之時。年來遊蹤偶及，攬其風景，非復當年富庶之概，以今較昔，不勝東京夢華之感。自序謂「身後有一卷書被人吹毛索瘢，便是天地間尚有此人在」，其言沈痛，校而刊之，副其志矣。丙辰夏正八月既望無錫孫毓修跋。

涵芬樓祕笈第三集

目録

西湖老人繁勝録跋

右《西湖老人繁勝録》一卷，自《永樂大典》第七千六百三卷「杭」字韵録出。方言世語，多有不可通者，經吴子修先生校勘一過，賴多是正，今爲注入當句之下。加「按」字者，毓修覆校語也。乾隆間館臣亦有輯本，名《西湖繁勝録》，《四庫》附列存目，惜無從覓得，與此一校也。宋時紀録行都之書，如耐得翁《都城紀勝》、吴自牧《夢粱録》、周密《武林舊事》，皆有行本，而此則廑存《大典》中，著録家見之者尟矣。作者姓名，闕焉不詳，以書中「慶元間油錢」一條考之，則其人當生於寧宗時。耐得翁書據其自序成於理宗端平二年，老人生世當先於耐得翁也。考高宗駐蹕臨安，謂之「行在」。乾道中周淙修《臨安志》，於宫苑、官署，尚著舊稱，潛説友《咸淳志》亦因之。然官書稱謂雖守此例，而偏安日久，民間視爲定居，「行在」之名，習而忘焉。此書止名「繁勝録」，絶無都城之稱，其書當成於耐得翁之前。夢粱舊事，皆作於滄桑之後，一二遺老，徒以怊悵舊游，流傳佳話。惟老人此書得之目覩，後來諸本踵事增華，終不能越其範圍，宜其亡而不終亡也。丙辰長至節無錫孫毓修跋。

附悔餘生跋：甲寅仲冬下旬六日斠斁。行都故事，臣里遺聞，桑海之餘，獲覩祕籍，益不能無盛衰興廢之感矣。錢唐悔餘生識。

孫氏書畫鈔跋

《孫氏書畫鈔》無卷數，亦無撰人名字，據萬曆間人舊跋，謂出于孫鳳。鳳字鳴岐，長洲人，以裝潢爲業，頗喜讀書。人有以古昔書畫求裝潢者，則録其詩文跋語，積久成帙，名之曰《孫氏法書名畫鈔》，上海秦鳳樓録而傳之。按《上海縣志》，秦嘉楫字少説，號鳳樓。嘉靖三十八年進士，歷官南京工部主事。致仕家居，校輯群書，手自抄録。涵芬樓得舊鈔本，版心題「蔬香亭清課」五字，不審其爲誰氏，當即從秦本迻寫。收藏有「吴麟」「清來」諸記，考錢塘吴曉帆煦有《清來堂書目》四卷，未知即方伯藏書否。所鈔以法書、名畫分列，如《鐵網珊瑚》例，然爲朱性甫、趙寒山所未見者甚多。鑒藏貴乎多見，書畫古書皆然。書賈多見舊本，宜可輯古書録以記所見，乃錢聽默輩均未有是裝潢匠，乃有吾家鳴岐，亦可傳矣。丁巳十月無錫孫毓修跋。

松下雜鈔跋

右《松下雜鈔》二卷，不著撰人。所記多明清間瑣事，然皆非自著，蓋于諸家野史隨筆中隨意摘録，故名「雜鈔」，而字句間又悉如翦裁。如「萬曆丙辰科李鳴陽」「鐵嶺李氏」「蓖頭房近侍」三條，皆鈔自劉若愚《酌中志》，而文字互異，此可證也。明季私家記載最多，今僅有存者，如下卷所引黄百家《耳逆草》，不但未見其書，亦不知其名。此鈔雖不盡注來歷，要各有所本。今據吴枚菴《藝林學山》中鈔本校印，亦好事家所不廢也。丁巳孟春留菴跋。

茗齋雜記跋

《茗齋雜記》，彭孫貽撰。孫貽字羿仁，海鹽人，爲明太常謚節愍公觀民仲子近人云長子，誤。明選貢生，鼎革後杜門奉母，終身不出。平生耿介自守，孝行聞於時，鄉人私謚孝介。張菊生先生留心鄉賢遺著，既印行《湖西紀事》《虔臺逸史》，又得孝介《茗齋雜記》

手稿，分爲《彭氏舊聞録》《太僕行略》二種，即以原跡付印。《茗齋詩餘》早有傳本，今又得此，亦一快也。《適園叢書》刊行節愍家書五通，足與行述互證。節愍殉國，虔臺遺骨與蟲沙俱化，閲時五載，孝介往尋，竟不可得。後二十餘年，有萬安義士曾堯昶負遺骸來歸，時人比之張千載，此事《行略》中已叙及，蓋作於康熙初年矣。孝介《贈義士詩》：「金風浄掃草堂塵，絮酒重來感故人。帳下義兒星散盡，天涯歸旐雪中新。精靈驚見如生面，涕淚空霑未死身。拜起相看轉嗚咽，鷓鴣嘑煞贛江春。」「墓田禾黍枕南臯，流水依然鎖舊壕。杜宇歸心江月小，楊花故國海天高。寒瓊自泠亡臣燼，戰血猶薶殉主刀。欲訪西昌諸義士，魚梁城下滿蓬蒿。」歲次丁巳太陽曆九月十日無錫孫毓修跋。

譯天文書跋

《譯天文書》四卷，明初西域人海達兒《明史》作「黑的兒」等奉勅譯。首有吴伯宗序，稱洪武十五年秋九月癸亥，上御奉天門，召翰林李翀、吴伯宗，諭以西域陰陽家推測天象，精密有驗，宜譯其書。遂召欽天監靈臺郎海達兒、阿答兀丁，回回大師馬沙亦黑、馬哈麻等，出所藏書，次第譯之。蓋明入元都，收其圖籍，其間西域書亦不少。《明史·曆志》「洪武元年，置回回司天監，詔徵元回回司天監黑的兒等共十四人至京議曆法。十五年九月，詔翰林李翀、吴伯宗譯回回曆書」，悉與序合。乃隆慶《御製天元玉曆祥異賦》、佘文龍《祥異圖説》均未引及。《文淵閣書目》「陰陽類」有「天文書」二部，均注「二册，闕」，不知即此書否？《四庫》未收，阮文達亦未進，可知傳本之稀。涵芬樓得明内府雕本，舊譯罕傳，亟爲印行，公諸同好。元明之際所云「西域」，泛指葱嶺以西，包羅甚廣。中惟天方種人文字技藝爲諸回所宗，其城邑雖爲帖木兒所殘破，彼中尊宿守闕抱殘，斯文未墜。此殆由天方文譯出，以視明季湯若望、南懷仁等譯本，尤希有可貴。此書卷一總釋題目爲第一類，卷二斷説世事吉凶爲第二類，卷三説人命運并流年爲第三類，卷四説一切選擇爲第四類，蓋合推步、五行、卜筮、星命等説爲一書，與陽瑪諾、李之葆、徐光啓所譯《天學義例》各判，知西洋人雖傳天方之學，亦不無異同也。丁巳季秋無錫孫毓修跋。

涵芬樓祕笈第四集

目録

尚書釋文校語跋

《尚書》元本爲隸古定，至唐天寶三年，玄宗詔集賢學士衛包，改定古文《尚書》爲今文，收舊本藏諸祕府，人間不復誦習，隸古《尚書》遂亡。幸陸氏作《音義》，猶存古文，可據以考見隸古定本之什一。宋開寶五年，監中校刊《釋文》，因陸氏所音與衛包所定今文駁異，乃命陳鄂重修，鏤以墨簡。當時雖並行周維簡勘定之古本，而周本竟微。自是以來，不但古文《尚書》亡，而别異之字僅存于《尚書釋文》者亦無存矣。此唐寫本《堯典》《舜典釋文》百有五行，出自鳴沙石室，涵芬樓向巴黎圖書館借印者。取對今本，乃知爲陳鄂所删者不翅太半。開寶新定本行，愛古者第病古文之不存，尚未知其删削如是之甚也。吾輩生後宋人八百年，而金絲流響，閟帙重逢，雖未覩三帙之全，已足正二《典》之譌，不其幸歟！錢塘吴絅齋學士爲撰《校語》二卷，疏證詳明，有功此本不小。《宋景文筆記》稱「揚備〔一〕得《古文尚書釋文》，讀之大喜，書訊刺字皆用古文」，是北宋尚有傳本。《困學紀聞》斥爲郭忠恕所僞造，世信其説，遂不復求之。學士此考，洵足以正伯厚之失，而證恕先之誣矣。丁巳冬月無錫孫毓修跋。

【校勘記】

〔一〕「揚備」，應作「楊備」。

華夷譯語跋

《華夷譯語》不分卷，明洪武十二年翰林侍講火源潔譯。經廠刊本。有劉三吾序，凡例六則。前半分「天文」等十七門以類字，後半載阿札失里等詔勅書狀十二首。按火源潔本元人，仕元，有朝鮮、琉球、日本、安南、占城、暹羅、韃靼、畏兀兒、西蕃、回回、滿喇伽、女直、百夷十三國譯語，元時有彙刻本，亦名《華夷譯語》。顧氏《日知録之餘》卷四上「以前元素無文字，但借高昌書制爲蒙古字以通天下語，至是乃命翰林侍講火源潔與編修馬沙亦黑等以華言譯其語，復取《元秘史》參考，細切其字，以諧其聲音。既成，詔刻行之。自是使者往來朔漠，皆能通達其情」，即謂此書。但今本無馬沙亦黑名，馬沙亦黑即譯《西域天文書》者，蓋兼通蒙古文也。《經廠書目》載《增訂華夷譯語》十一本，則明時固有二種，顧氏所見其增訂本歟？語言文字，相輔而行，就史裁論，但得譯成文義，以供編撰之資，固不必問其傳譯之曲折也。以譯書論，則必悉其原文而得其意。《元朝祕史》湘中已有照元本刻出者，而元槧《華夷譯語》并明人毛寅、李廣元諸人之《十國譯語》則皆不可見，惟此本尚完好，急爲印行，與世之留心譯事者共寳之。戊午春日無錫孫毓修跋。

厓山集跋

《厓山集》不分卷。原鈔每葉二十行，行二十字，凡一百葉，分裝四册。今存首尾二册，格線左旁有「繡谷亭續藏鈔本」七字，卷尾捺「鉼花齋」白文方印、「願流傳勿損污」朱文小長方印。有吴城手跋，云是向天一閣借鈔，書根題「厓山集」，刻于弘治年間。蓋亦不知撰人也。其書博採宋季事蹟與文信國有關者，并後人詩歌、題詠，薈萃一編，以華其節，亦如丁元吉《陸右丞蹈海録》之例。前載《厓山圖》及楊太后、張太傅、文丞相、陸右丞四人遺像。書無總目，今存帝紀、詔勅、事蹟爲首册，國朝人題詠事蹟爲末册，餘皆不可知矣。東海揚塵，彌觸滄桑之痛。西臺慟哭，不忘忠義之心。檢嘉慶《天一閣書目》，已無其名，事既可傳，書尤足祕，殘珪零璣，亦可傳也。戊午二月無錫孫毓修跋。

趙氏家法筆記跋

《趙氏家法筆記》，不著撰人。卷末有「孟頫閒暇中」云云，又有「大德十有一年歲在丁未識于雪齋」一行，則似出于文敏。然第四葉有「因纂録先子畫題之下，間以所聞而注之」云云，又似仲穆輩所記者。書凡四十七條，有題無録者二條。所論合色、膠絹諸法，畫山水人物、花鳥蘭竹諸訣，無不造入精微，爲藝術家不可不讀者。宋元時人論畫書，今傳者有韓拙《山水純全集》、宋伯仁《梅花喜神譜》、李衎《竹譜詳録》，皆祇詳一事，如此之總括靡遺者，實未見也。舊爲秦氏石研齋鈔本，可云祕笈，急爲擺印流通。譌脱處苦無別本校正，今姑仍之。戊午二月無錫孫毓修跋。

北湖集跋

《北湖集》五卷，宋吴則禮撰。則禮《宋史》無傳，陳振孫《書録解題》云「字子副，富川人」。陸心源謂「湖北興國州永興縣人」，二説不同。以父御史中復廕入仕，官至直祕閣知虢州，晚居豫章，自號北湖居士。今考其《李長者像序》署銜，則嘗爲軍器監主簿《長編》四百四十九作「元符元年爲衛尉寺主簿」。又《續百憂集行》有「疇昔罪臣投荆州」之句，即《長編紀事本末》所記則禮與外甥高茂華往來計議，共成元祐之黨，崇寧三年編管荆南事也。《永樂大典》載韓駒《北湖集序》，題「宣和壬寅」，而中稱「則禮卒于虢州之後一年」。據此諸説，其生平略可考見。序文稱「其子坰所編集爲三十卷」，《書録解題》則作「《北湖集》十卷《長短句》一卷」，近世兩本皆無傳。館臣從《永樂大典》輯得詩三百餘首、長短句二十餘首、雜文三十餘首，離爲五卷。今以舊鈔本影印，惜韓子蒼序，館臣未録附卷首。偶從《山西通志》得《題折氏下城南》五言一首「繫馬後河川，可人冬景妍。要看花致地，付與水浮天。未覺隨戎馬，端來喚酒船。誰云是關塞，勝事總堪傳」，亦北湖之逸篇也。戊午二月無錫孫毓修跋。

傍秋亭雜記跋

《傍秋亭雜記》二卷，明顧清撰。清字士廉，華亭人。弘治六年進士，官侍讀。劉瑾竊柄，絶不與通。瑾銜之，出爲南京兵部員外郎。瑾誅，擢禮部右侍郎，後罷歸。嘉靖六年，詔以爲南京禮部右侍郎，旋乞休，進尚書致仕。卒謚文僖。《明史》有傳。文僖所著《江東集》，收藏家尚有著録者，此書則未見。記中多言松郡政教人物，亦旁及瑣事。據隆慶庚午潘恩叙，謂「其家孫捁江繕寫入刻」，是當時固有傳本，今則僅存鈔帙。後有陸文定樹聲跋，亦極推崇。自題「江東歸叟」，蓋成於致仕之後，猶不忘天下利病、民生休戚，江湖廊廟，名臣之用心也。舊爲何夢華藏本，寫手精雅，今以原本影印云。戊午二月無錫孫毓修跋。

涵芬樓祕笈第五集

目録

存復齋集十卷二册（舊鈔本）

書林外集七卷二册（舊鈔本）

扶風縣石刻記跋

《扶風縣石刻記》二卷，錢塘黄樹穀撰。樹穀字培之，號松石，又號黄山。父景林，殁于保定，松石往負其骨歸。及卒，鄉人私謚爲端孝先生。有《楷瘿齋藁》。子小松名易，父子皆篤嗜金石。《杭州藝文志》載松石《扶風縣石刻記》，近見鈔帙。其書箸録唐宋金元石刻一十八種，取較《關中金石記》，則惟開元二十八年《龍光寺舍利塔記》爲此書失收。他如《唐楊珣碑》《宋斷碑》《宋季真寺買田記》《宋扶風縣廟學記》《元重修扶風學記》五通，並爲畢書所未録。畢書多遺碑陰，或以碑陰别出如列《秦王重修法門寺》于唐，别出《禮法門寺真身塔詩》于宋之類，皆不如此書之完善。戊午六月無錫孫毓修跋。

海濱外史跋

《海濱外史》三卷，舊寫本，題「閩中陳怡山記」。按怡山名維安，福州人。此書二、三兩卷皆雜記閩中故事，足資談助。卷一論明代清初科舉沿革，謂「太祖洪武三年京師及各行省始開鄉試，一以經義爲主」。然顧炎武《日知録》云「洪武三年，中式者復以五事試之，曰騎、射、書、算、律。騎，觀其馳驅便捷；射，觀其中之多寡；書，通于六義；算，通于九法；律，觀其决斷。十六年，命禮部頒行科舉程式，文辭增而實事廢」。明及勝朝行此法至五百年之久，科舉之弊，滋爲口實，終至廢棄，而世道亦日非矣。戊午六月無錫孫毓修跋。

明朝紀事本末補編跋

《明朝紀事本末補編》五卷，舊寫本，海鹽彭孫貽羿仁撰。羿仁事蹟詳《茗齋日記》跋。此補谷應泰之書而作，體例悉同，惟無駢體論耳。每卷爲一目，一曰祕書告成，二曰科舉開設，三曰西人封貢，四曰西南群蠻，五曰宦官賢奸。其時《明史》尚未刊定，故不云「明史」而云「明朝」。羿仁熟于有明掌故，鼎革以後晦跡海濱，不與史局，惟修私史以自見其節高矣。前年豐潤丁氏書散出，有張星曜《通鑑紀事本末補後編》五十卷，黑格寫本，似是手稿，惜未收得，今不知散落何許。校此因附記之。戊午五月無錫孫毓修跋。

存復齋集跋

《存復齋文集》十卷《附録》一卷，元朱德潤撰。按澤民九世祖貫，爲「睢陽五老」之一，其後世渡江爲吴人。澤民延祐末以趙孟頫薦，授翰林應奉文字兼國史院編修官，尋授征東行省儒學提舉，後移疾歸。至正間，起爲江浙行中書省照磨官參軍事，官杭湖二郡，攝守長興。《四庫》謂澤民惟長于書畫，乃入其集於《存目》，以是傳本甚少。然同時如俞午翁、虞劭菴、黄金華並爲作序，一致推重，至德揮毫，柳林獻賦，夫豈偶然？此本題「元征東儒學提舉睢水朱德潤澤民著，曾孫夏重編，賜進士湖廣按察使東吴項璁彦輝校正」。惟卷一一見，猶存古意。舊爲陸氏樂山書堂寫本，有「陸時化印」白文方印、「渭南伯後」朱文方印〔一〕、「静異堂」朱文方印，並「元本」「甲」兩小印。讀《藝風堂藏書志》，尚有《續集》五卷，惜未能與此一校也。戊午重五無錫孫毓修跋。

【校勘記】

〔一〕「印」，原作「引」，誤，徑改。

書林外集跋

《書林外集》七卷，朱氏潛采堂舊寫本。目録後有竹垞手跋云「《書林外集》，鄞人袁彦章士元所著。彦章，宋忠臣鏞之孫，元至正間以薦授翰林國史院檢校官，引年不就」。按《鄞縣志》，士元，德祐忠臣鏞之孫，性至孝，隱居不仕。御史奥林薦授縣教諭，調鄮山書院山長。危參政太樸表爲平江路學教授，擢翰林國史院檢閲官，不赴。築城西別墅，自號菊村學者。竹垞語蓋本此。其集罕見，《四庫》未收，阮文達亦未進呈，惟嘉慶本《天一閣書目》載「正統三年鄞人陳敬宗刊本」，亦已殘缺。兹獨完善，乃亟爲影行，從此天壤間又多存元人集一種。戊午五月無錫孫毓修跋。

涵芬樓祕笈第六集

目録

脈望館書目跋

《脈望館書目》不分卷，明趙琦美撰。按琦美字元度，號清常道人，文毅公用賢冢子。以蔭官刑部郎中。志欲網羅古今載籍，甲乙詮次，以待後之賢者。損衣削食，假借繕寫，梯航訪求，朱黄讎校，移日分夜。錢牧齋稱爲「近古所未有」。歿後，其書盡歸絳雲樓，乃至武康山中，白晝鬼哭。錢遵王嘆其嗜書之精爽若是者也。此目即記其家藏書，并及書畫碑帖古玩，分厨標類，條理秩如，所儲異本，實已不少。不全舊宋元本另列一類，實開近世箸録殘宋元本之先例。有注「大官人」「二官人」者，「大官人」即清常，「二官人」謂際美，字文度，由刑部郎中出知叙州府，清常同懷弟也。觀此則是目當出於趙氏門僕之手。舊藏鈔本《傳是樓書目》，亦有「太老爺」之稱。毛子晉家僮盡能鈔書，清門舊族即僕隸亦皆能文，黄蕘圃家之張泰又不足奇矣。此本有「平江貝氏手校」「平江貝墉珍藏祕書印」諸記，審其字跡，尚是千墨菴主人手寫本也。戊午八月無錫孫毓修跋。

唐石經考異跋

《唐石經考異》不分卷，錢大昕撰。按大昕字曉徵，號辛楣，又號竹汀，嘉定人。乾隆乙丑進士，官至少詹事，歸田後歷主鍾山、婁東、紫陽書院，里居三十年，六經百家無所不通，蔚爲著述。事迹詳《國史·儒林傳稿》。熹平以後所立石經，今悉不存，惟唐太和石壁二百廿八石尚在，後唐雕版實依之句度鈔寫，爲近世版本之祖。乃閲宋元明未有過而問者，顧氏炎武始一讀之，然誤以王堯惠等補字爲正本，又惑于裝潢者所顛倒舛錯，且刺取亦多未備。嘉慶間，嚴氏可均撰《唐石經校文》十卷，發凡起例，極爲詳盡，不知錢氏之書已開其先。如斥旁添字之謬誤，辨磨改字之異同，又據石本以正版本，皆精審不苟，發前人所未發。其書未經刊行，流傳絶少，此爲袁又愷手寫本，復經臧鏞堂、顧千里、瞿木夫諸人籤校，洵爲祕帙。惟夾籤殘闕失序，至不可讀，董而理之，爲《唐石經考異補》附于卷末。大約《易》《詩》《書》出臧氏手，三《禮》以下則未詳其名，俱有顧、瞿二氏按語。顧氏于臧氏語頗多詆諆，由所見有不同也。戊午九月無錫孫毓修跋。

冥報記跋

《冥報記》三卷，唐吏部尚書唐臨撰。按臨，京兆人，官至兵部、度支、吏部三尚書，顯慶四年，坐事貶爲潮州刺史，卒官。事蹟詳《新》《舊唐書》本傳。所撰《冥報記》，《藝文志》及本傳均作二卷，宋以後不著録，蓋亡已久矣。《説郛》載數條，均自類書鈔出。惟日本高山寺藏唐鈔卷子本，爲海外之逸書，其本作上、中、下三卷，與《藝文志》及本傳不合。宜都楊惺吾太守守敬，以《法苑珠林》《太平廣記》所引有出於此本之外者，亦有此本有而《珠林》《廣記》無者，因信日本籐原佐世《現在書目》作十卷爲得，而以此本爲日僧所節鈔，臆分三卷，又以《珠林》《廣記》證之，可得《輯本》六卷、《拾遺》四卷，備載其目于《日本訪書志》卷八。其言甚辨，既無以難。近日本内籐博士虎次郎不信十卷之説，以三卷爲京兆原本，恐未足服太守之心也。日本僧房多存古籍，唐人殘帙賴以流通，有功斯文，亦已不小。今涵芬樓照卷子本印出，遂得家有其書。卷子本「隋」皆作「隨」，按羅泌《路史》，隋文帝惡「隨」从「辵」，改爲「隋」。然唐人書碑多作「隨」字，是「隨」「隋」本可通用，唐以後始嚴别之耳。往見宋時雕本書「殺」或作「煞」，「無」或作「无」，此書亦然，知宋人雕刻古書，字畫多依唐本。又如「佛」作「仏」、「壞」作「懷」、「歸」作「皈」、「苑」作「菀」、「愈」作「逾」，當爲唐時經生字體，今悉仍之。戊午九月無錫孫毓修跋。

涵芬樓祕笈第七集

目録

西山日記跋

右《西山日記》二卷，明丁元薦撰。元薦字長孺，長興人。舉萬曆十四年進士，官至尚寶少卿，旋削籍。事蹟詳《明史》本傳。黄梨洲稱其嫉惡如仇，宣城縱横楚浙，富平主察，斥其黨七人，舉朝大譁。先生抗言七人宜斥，救者非是，波路壯闊，不惜以身爲砥柱。今讀其《日記》所記，皆嘉言善行，雖其人下中，而一事合宜，亦必書之，然後知其立心之恕也。《日記》上卷爲《日課》《英斷》《相業》《延攬》《才略》《深心》《名將》《循良》《法吏》《守死》《忠義》《直節》《器識》《神識》《古道》十五篇。下卷爲《文學》《師模》《庭訓》《正學》《孝友》《篤行》《持正》《德量》《友義》《清脩》《恬退》《高隱》《格言》《正論》《清議》《義俠》《母範》《賢媛》《耆壽》《清賞》《鎮壓》《詼諧》《因果》《天數》《方術》《五箴》二十六篇。取校康熙戊辰孫氏刻本，則上卷增《家訓》篇，鈔本分載入《循良》《庭訓》諸篇内。《清脩》《德量》《正學》三篇，刻本移入上卷。《清賞》《鎮壓》《詼諧》《因果》《天數》五篇，刊本皆無。其餘異同甚多。今蓼菴刊本已不可得，況舊鈔乎，因爲搜入《祕笈》，世當知梨洲所云「執此以求子午」之説爲不虛也。己未春日無錫孫毓修跋。

續名賢小記跋

《續名賢小記》一卷，吴枚菴七十四歲時寫本，舊爲顧氏蓺海樓藏書，卷端題「秦臺樵史徐晟曾銘氏述」。按《蘇州府志》，徐晟字禎起，一字損之，活埋菴主人樹丕子。此《續名賢小記》，蓋繼文震孟《姑蘇名賢小紀》而作。自序謂初藁成于布衣黄心度，晟論次小紀，彙成二卷，自隆萬迄崇禎爲一卷，自甲申死事諸賢迄于明遺隱逸爲一卷。今此本二十五篇，附見十三人，通作一卷。其間崇禎死事諸臣尚多缺略，所謂「明遺隱逸」悉無之，疑非全書，然枚菴所見本已如此矣。即此三十八人中，姓名翳如而清風亮節，足增虎阜茂苑之光者，固已不少，重以枚翁晚年手跡，爲付影印，以公諸世。武子《識小録》前已據手稿印行，徐氏父子著述，可見一斑。戊午五月無錫孫毓修跋。

土苴集跋

《土苴集》二卷，明周鼎撰。鼎字伯器，嘉善人，博極經史。正統中征閩寇，金榮襄公辟置幕下。嘗與千户龔遂奇從數騎入尤溪山寨，降其衆而還。授沭陽典史，爲王竑所惡，罷歸，遨遊三吴，求文者日集其門，崖鐫野刻，照映山澤。沈石田詩「山縣軍書前吏跡，墓堂文字舊生涯」，人以爲實録。《明詩綜》稱「伯器有《桐村》《疑舫》《土苴》三集」，今惟見

《土苴集》，後附贈詩及史鑑《桐村甕室記》，蓋石文。陸秀卿稱其「議水利文鑿鑿不迂」，史明古稱其「詩文數千篇皆手自選録」，一生撰述可知不少。然《土苴集》之名尚見于《嘉興府志》及《嘉善縣志》，《四庫》并未見及，即竹垞選詩六首亦無出此集之外者，是諸集之佚蓋已久矣。今據明初刻本校印，以廣其傳。戊午八月無錫孫毓修跋。

几上語枕上語跋

右《几上語》一卷、《枕上語》一卷，宋施清臣撰。清臣事蹟不可考，自署「赤城散吏」。書名上均有「東洲」二字，自序謂「作於淳祐甲辰乙巳間」，蓋宋理宗時人，號東洲也。既云「赤城散吏」，則或是台州人歟？俞樾《茶香室叢抄》謂其「取名與岳珂《桯史》同」。《四庫》以施氏此書宗釋道之旨，而以儒家傅會之，明季小品濫觴於此，故不予著録。然清辭名理，引人入勝，亦晁文元公《法藏碎金》之流亞，《四庫》取彼而舍此，何歟？宋人遺編，傳世日少，今據寫本付刊，闕誤處苦無別本可校，兹仍其舊。己未春日無錫孫毓修跋。

存復齋續集跋

涵芬樓既校印《存復齋集》，繆藝風祕監言藏有鈔本《存復齋續集》，其名不見於諸家簿録，極爲罕祕，許録副借印。《續集》不分卷，與《前集》複出者數首，爲抽去之，計得詩文一百四十首。朱氏之文，明初有刊本者，一名《成德性齋集》，一名《存復齋集》，傳本皆微。今《存復齋集》既有新刊，又得此《續集》，久薶之寶，一旦重顯於世，能勿重拜祕監之嘉惠歟？鈔有譌脱，不得别本，未敢輒改，兹仍其舊云。己未春仲無錫孫毓修跋。

涵芬樓祕笈第八集

目録

山房集八卷（《永樂大典》本）

涇林續記（明鈔本）

西溪叢語二卷（明鶴鳴館本）

鼓枻藁一卷（舊鈔本）

山房集跋

右《山房前集》八卷、《後稿》一卷，宋周南撰。南字南仲，吴郡人。淳熙庚戌登甲科，官至祕書省正字，再以薦入詞館，皆不久罷去，遂以殿廷所授文林郎終。南仲長於四六，以俊逸流麗見稱，制誥諸篇尤得訓詞之體，葉水心甚重之。所著有《山房前集》二十卷、《後集》二十卷，見陳振孫《書録解題》。元明以來，流傳遂罕，幸文淵閣尚藏舊本，故《永樂大典》收之。館臣從《大典》鈔録，排爲九卷，已非完書。其由修《大典》時有所删削，或初明即存殘本，皆未可知矣。卷五有諸書題跋二十餘則，足資掌故。卷八雜記，皆述宋代故事，間或直録古書之文，無所論斷，當有闕失。涵芬樓藏鈔本，魯魚帝虎，幾不可讀，印成又得别本兩兩相較，藉多是正，别爲《勘誤》附於卷末云。己未九月無錫孫毓修跋。

涇林續記跋

右《涇林續記》不分卷，題「天南逸史周玄暐著」。按玄暐字叔懋，一字緘吾。萬曆丙戌進士，官雲南道御史。事蹟附《崑山縣志·周復俊傳》並《選舉志》中。復俊，玄暐之祖，著《涇林雜記》。此題《續記》，示有所本也，本傳及縣府志藝文門，均未著録。所記明代遺聞逸事，不但可爲多識之助，並足資人勸戒。卷首有玉蘭堂文氏、歸來堂葉氏，及季滄葦諸家印記，蓋久爲藝林所珍祕，三百年來傳本僅見，彌足重已。原本譌奪甚多，隨筆點定，不免金根之誤，幸同志復正之。己未花朝無錫孫毓修跋。

西溪叢語跋

右《西溪叢語》上下卷，宋姚寬撰。明俞憲謂「寬無顯名」。案寬字令威，嵊縣人。父舜明，紹興四年進士，南渡歷官户部侍郎、徽猷閣待制。寬以父任，補官至權尚書户部員外郎、樞密院編修官。《葉水心集》記寬策完顔亮入寇必敗事，深嘆其智不可及，以不及識面爲憾，則非無顯名者，明人考據之疎如此。葉氏又稱其「著書二百卷，從孫鎔以公《西溪叢語》遺余」，則宋固嘗刊行，今舊本絶少概見。《四庫》作三卷，《津逮祕書》《學津討源》《稗海》並二卷，皆闕姚氏自序。此即《帶經堂集》所稱「鴸鳴館舊刻」也，亦分二卷，多自序并俞憲刻書序。漁洋本無序，故云「刻書源委無考」，今知爲嘉靖戊申臨溪楊子武昌刊本。以「鴸鳴」名館，漁洋謂「朝士之被放逐者」，楊子不知何人，遂無以徵其説也。蔣氏別下齋影宋鈔本「海上人」下有「凡木一歲生一節，來歲復於節上再長也」一條，「宣和貴人」條下有「《樹萱録》引杜詩云『虬鬚似太宗，色映寒夜春』，又云『子章髑髏血模糊，懷中瀉出呈大夫』」一條，「台州杜瀆」下有「詩人用字，各有所宜，梅言横，松言架。何遜詩云『枝横却月觀，花繞凌風臺』，江淹詩云『風散松架險，雲鬱石道深』，杜甫詩云『南望青松架短壑』」一條並見上卷，此本皆失之。然刻畫精良，款式古雅，固亦罕見之祕帙也。己未春日無錫孫毓修跋。

鼓枻稿跋

右《鼓枻稿》不分卷，明虞堪撰。堪字克用，一字勝伯，道園從孫也，流寓長洲，而仍往來於蜀，自稱「西蜀書生」。洪武中，爲雲南府學教授，卒於官。堪集别稱《希澹園詩》，《四庫》著録者是也。此題「鼓枻藁」者，《四庫》附存其目。兩本相較，篇數並同，惟前後編次稍有不同耳。其詩多元時所作，入明以後篇什無聞。相傳堪没後所遺翰墨尚數篋，其子孫不讀書，漫置屋中，久而亡之，故所傳至此。《鼓枻稿》有分六卷者，有分二卷者，又有題《虞山人詩》者，蓋其集久無刊本，鈔帙流傳，各以意爲之，遂多歧異耳。今所據本殊多誤字，借本對校，亦未能盡如落葉之盡埽也。己未閏月無錫孫毓修跋。

涵芬樓祕笈第九集

目録

磯園稗史三卷（舊鈔本）

南翁夢録（舊鈔本）

書經補遺跋

右《書經補遺》五卷，元吕宗傑撰。宗傑字志剛，鄉貢進士，事蹟無考。首有自序，題至正十一年。後有至正十一年天台張順祖跋，稱「曩歲貢京師，獲與東原吕君志剛同會試春官，後二年來正昇學，又獲與志剛交」。按元時東平路有東原驛，殆隸籍東平而宦遊於正定者。其書《四庫》未收，阮文達以鈔本進呈，第一卷爲《執筆圖》；第二卷《法書本象》，國子助教汶上陳繹曾著；第三卷《書法總論》；第四、第五卷《博古體篆釋》，乃宗傑自著之書。此爲士禮居藏元人鈔本，有黄氏手跋。首載至正十四年刻書官牒，比文達所見本尤爲傳有端緒。校而傳之，亦臨池家一助也。庚申春日無錫孫毓修跋。

鐙窗叢録跋

右《鐙窗叢録》五卷《補遺》一卷，句吴吴翌鳳撰。翌鳳字伊仲，號枚菴漫士，休寧商山人，僑居吴縣干將里。諸生，中歲應湖南巡撫姜晟之聘，繼主瀏陽南臺書院。於學無所不窺，酷嗜異書，從人借鈔，目爲之眚。卒年七十八。著有《與稽齋叢稿》《印須集》《吴梅村詩集箋注》《東齋脞語》諸書，並已刊行。此《鐙窗叢録》或記載客語，或鈔撮古書，時與《東齋脞録》相出入，向未刊行。涵芬樓藏舊鈔本五卷，末附《補遺》。卷三有「乙集記《永樂大典》」云云，今此條見卷二，知枚菴當日但分甲、乙也。庚申春日無錫孫毓修跋。

太和正音譜跋

右《太和正音譜》二卷，明寧獻王撰。卷端題「丹丘先生涵虚子」，蓋其别號也。《涵虚子詞品》一卷，見《四庫》附存目，即此書上卷，而《提要》誤爲元人，其所據爲曹溶《學海類編》本，而曹本又出於《元曲選》卷首所録，蓋取譜中卷首論曲之語别爲一書也。全帙僅見明程明善《嘯餘譜》中，初明刊本，流傳絶少。此尚是從洪武本影寫，精雅絶倫。收藏有「汪印士鍾」「平陽伯子」印記，又有「蔡印廷楨」「卓如真賞」「醉經主人」「梁溪蔡氏伯卿一字孫峰」等印記。按蔡氏居無錫北鄉張塘橋，諸生，雅好收藏。值汪氏藝芸書舍之書不守，傾囊得之，所儲益富，光緒中葉乃散。辛勤一世而名字翳如，故附記於此。庚申春日無錫孫毓修跋。

磯園稗史跋

右《磯園稗史》三卷，明孫繼芳撰。繼芳，華容人，字世其。正德進士，授刑部主事。東廠獲數人，誣爲盜，下刑部論法，繼芳白其冤，改兵部員外。武宗將南巡，繼芳率諸部寺屬百餘人諫止，捕繫廷杖。官終雲南提學副使。子宜，自號洞庭漁人。孫斯億，七歲能賦詩。是皆吾宗之美談。此《磯園稗史》雜記正嘉間朝章國故，人物臧否，兼及瑣事，蓋亦史部之支流餘裔。諸家書目，皆未著録。獨山莫氏銅井山房藏鈔本，舊爲璜川吴氏藏書，兹從楚生觀察借印，遂得流通。庚申四月無錫孫毓修跋。

南翁夢録跋

右《南翁夢録》不分卷，黎澄撰。澄字孟源，别號南翁，安南國人。入仕於明，累官至工部左侍郎。越裳立國南交，文化素同於震旦，其撰述之見於簿録者，惟黎崱《安南志略》、無名氏《越世略》、裴璧《皇越詩選》而已。此書記彼國賢王良佐之行事，騷人墨客之出處，貞妃烈婦之節操，緇流羽客之奇術，可喜亦可觀。明陶珽《續説郛》、沈節甫《紀録彙編》皆曾刊行，而割裂不完。此舊鈔本，有正統間毘陵湖潑、交南宋彰，及南翁自序，取較陶、沈兩本，則此爲勝。庚申五月無錫孫毓修跋。

涵芬樓祕笈第十集

目録

所安遺集一卷（舊抄本）

漢泉漫稿五卷（以下皆金亦陶手寫本）

肅雝集一卷

金囦集一卷

進呈書目跋

《進呈書目》四册，題「涵秋閣鈔」，不著撰人名氏。記乾隆時京内外進呈《四庫》書名，意即館人所纂集也。按乾隆三十七年正月初四日，下求書之詔，收藏家欣值表章盛際，鼓舞奮興，各願整比所藏，上備天禄、石渠之選，誠曠世之奇逢也。記載其事者，惟浙江、江蘇各有《採集遺書總録》，鄞縣天一閣范氏、慈溪二老閣鄭氏、錢塘振綺堂汪氏有《進書目録》，附載《天一閣書目》及《振綺堂書目》之首，餘均闕如。《提要》於書名下雖分注進書之家，終嫌疎略，非覩此書，又何以見一代徵書之盛典哉！書中次第，先外省，後京官，所進凡九千餘種。江蘇、浙江居其大半，餘省備數而已。然江蘇進書者，尚有蔣曾罃、吴成佐、朱奂、周厚堉四家，浙江尚有汪汝瑮一家，此皆不載，是尚不免遺漏也。獻書者，依諭旨每書應詳其卷帙爵里，并摘叙著書大指，此則但記卷帙爵里，甚有并此亦不記者，豈爲抄手所裁節，如宋人之於《崇文總目》歟？是書傳本頗罕，余見美國圖書館員在廣州買得，從之借印，東土遂有傳本云。辛酉三月無錫孫毓修跋。

所安遺集跋

右《所安遺集》不分卷，元陳泰撰，明金侃録本。泰字志同，别號所安，長沙茶陵人。延祐二年進士，除龍泉縣主簿，栖遲薄宦，惟以吟咏自適，竟終於是官。其著作亦未成集，至曾孫朴，始裒輯以成此編。明成化丁未，其來孫銓等重刊。《四庫》作一卷，成化本卷末題六字云「後段蠹損惜哉」，金氏手跋亦云「全稿蠹損不傳」，則所據亦成化本矣。庚申七月無錫孫毓修跋。

漢泉漫稿跋

右《漢泉漫稿》五卷，元曹伯啓撰。伯啓字士開，碭山人。至元中薦除冀州教授，天歷初官至陝西諸道行臺御史中丞，卒謚文貞。其集《四庫》作《曹文貞公集》，《孝慈堂目》作《漢泉漫稿》，《鐵琴銅劍樓目》作《漢泉曹文貞公集》。此出金氏侃手鈔，題《漢泉漫稿》，與孝慈堂本同。惟他本皆十卷，或有附録，或有續集，此作五卷。末有至元後戊寅吴全節跋，稱「其子復亨什襲成帙，胡益編爲五卷」。今卷中古律諸體悉已完具，惟少絶句。金氏手跋云「此爲故友許箕屋遺書，蠹蝕破壞，多所訛闕，按目録尚有樂府若干首、五七言絶句及神道碑銘謚議等文」，觀此知金氏所見之本有絶句，又有附録，則與吴跋五卷之數不相符矣。惜金氏遺其目録未鈔，遂無以取證耳。侃字亦陶，俊明子，亦好録異書，矮屋數椽，藏書滿櫝，皆父子手鈔本。此與《所安遺稿》《金囦集》《肅雝集》均出亦陶手録，其可貴又在宋槧元刊之外已。庚申七月無錫孫毓修跋。

鸝䳁集跋

《鸝䳁集》一卷，題「貞懿鄭氏允端撰」。允端，平江人，宋丞相清之五世孫，歸同郡施伯仁。張士誠入平江，家爲兵所破，悒悒而卒，年僅三十。遺集一題《姑蘇鄭姬詩集》。此本存詩一百一十五首，冠以自序、至正甲辰杜寅後序，而少錢惟善序。《四庫》入存目，《提要》譏其詩詞意淺弱，然錢惟善等一代勝流，已極口稱許。《提要》因《碧筒》一詩，疑允端原有詩集歲久散佚，其後人贋撰刊行。今觀其自序，則此出鄭氏手定。後世好事者以他人之作羼入集中，固未可知，謂盡屬贋撰，恐未必然也。此亦金亦陶手寫，卷末題「壬申秋日録於孺宜堂之東廂」。庚申十二月無錫孫毓修跋。

金囦集跋

《金囦集》一卷，元溧陽路總管邵武元淮水鏡撰。淮字國泉，號水鏡，臨川人。至元初，以軍功顯於閩，官至溧陽路總管。此集《四庫》入存目，館臣以其與仇遠集同名，改題

《水鏡集》。元氏以武功定寇亂，以聲詩鳴治平，亦元代詩家之僅見者。《四庫》不予著録，殊不可解。此金亦陶手寫本，有正統甲子邵武縣儒學教諭吉水謝卓序、萬曆甲戌元應會跋。蓋此集元時曾刊行，明又兩刻，一正統中六世孫道泰本，一萬曆中十一世孫應會本也，兩本今皆不可見。首尾殘闕處，正統本已然矣。庚申十二月無錫孫毓修跋。

小緑天藏書志

尚書疏義六卷　二册

謏聞齋抄本

元金華馬道貫著。前有自序，此書文逸。《經義考》云「未見」。黄虞稷云「道貫字德珎，金華東陽人。師爲許謙。自號一得叟」。今讀自序，則許謙其壻也。黄氏以爲師，大誤。此本版心下題「謏聞齋」，左欄外題「太倉顧錫麒添補寫定續經解」。蓋昭文張金吾氏《詒經堂續經解》寫本，爲太倉顧錫麒所得，予嘗見之。原書浩衍，手寫其目，中有殘闕，顧氏依目補寫成之。此書《詒經堂》中所不收，殆顧氏以其罕見，故鈔藏之耳。

韵徵十六卷　四册

寫本

錫山安吉古琹輯，此其寫定本也。前有自序。嘗見華湛恩手札，謂「《韵徵》已寫定様本，以阮文達一言而罷」，然則此書殆未經付刊者也。收藏有「天全堂印」「句吴安文學」諸印。

韓詩外傳十卷　四册

明依宋刊白棉紙印本

無名字序、嘉靖十八年楊祐序、薛來序。《韓詩外傳》以明野竹㙛刊本爲古，此本第二葉亦不缺，行款同野竹㙛本。板心題「芙蓉泉書屋」。收藏有「良器」「慕田氏許晟印」。

爾雅翼二十二卷　八册

明正德十四年依宋刊白棉紙本

前之都穆序，謂公八世孫文殊據宋刻重摹，半葉十行，行十九字，白口，左右雙邊，中縫魚尾上記字數，下記刻工，但標一字，末葉顧璘跋。

喪服考儀禮喪服或問附戴記喪禮或問　一册

舊抄本

梁溪華學泉天沐撰。有「沈印正芳」白文方印、「茱園」朱文方印、「抱經樓」白文長方印。

公羊傳解詁十二卷　四册

揚州汪氏重栞宋淳熙余仁仲本

吴策雲手鈔陪獵筆記三卷　二册

題「内廷供奉翰林院庶吉士臣查慎行」，記康熙癸未夏扈蹕山莊之事。海宇清平，詞臣榮遇，令人不勝追慕。此吴兔牀猶子蕭雲手鈔本，並以黄筆校過。卷末有一行云「乾隆壬子仲夏下浣蕭雲校」,「吴駒／駒印」,「蕭／雲」。卷首有兔牀序。不見《愚谷文存》,未知何故。文非兔牀手書,而蓋「吴騫／之印」「槎／客」二朱記。

卷末有陳萊孝微貞題詞云：書生裘帶太珊珊,策馬紅旂小隊間。聖主自來多異數,烟波人占紫宸班。詩後接兔牀手書：嘉慶十五年乞巧日重閲一過,時聞小峴司寇扈蹕木蘭秋獮,並寄詩奉懷云「鐵嶺宫前錦繡衣,灤河水繞釣魚磯。千屯玉帳冰初合,八月天山雪正飛。射得黄熊隨豹尾,賜來青鼠拜彤闈。兩朝恩遇如公少,退食還看羽獵揮原注乾隆中公嘗屢次扈蹕。兔牀漫叜書于西簃,旹年七十又八[一]吴騫幼字益郎。

末葉蟄庵居士跋云：此書未經刊行,流傳甚少。是本爲星滄吴醒園明經手鈔。明經名昂駒,爲兔牀先生猶子,濡染家學,于鄉邦文獻尤所致意。故竹初山房藏書率多異本。歸道山後,其後嗣力不能守,辛亥春,鍾蔭齋茂才爲作緣,以遺書二十餘種歸予。此向與《人海記》並鈔,共四册。惜《人海記》已佚,今更不易訪求矣。辛酉之亂,予藏書被掠,什一僅存,而此獨完好無恙,若有神物護持者,亦足幸焉。癸亥夏五,簡理殘籍,重讀一過,因記數語藏之。蟄庵居士。「南軒書隱」。

卷首有「蟄／庵」「徐印／洪鼇」二印，不詳其生平也。兔牀一家印記如下：「臨安志百／卷人家」在卷二第一葉、「兔牀／山人」、「露鈔／雪購」在卷三末、「兔牀」連珠小印。朱筆眉注：《績語堂題跋》，海寧陳貞微先生著《鍾官圖經》六册，未刊行，不知今尚存否。

【校勘記】

〔一〕吴騫手跋，據二〇〇一年《歷史文獻》第四輯《上海圖書館善本題跋選輯·史部（續二）》「陪獵筆記三卷」條校過。

佳趣堂書目不分卷　二册

吴郡陸漻撰。漻字其清，業醫。王漁洋稱其藏書多佳本。卷首有表，列記收書歲月。自康熙十四年至雍正八年止，閲三十二年，積寫此目，亦可見其苦心矣。此爲舊鈔本。版心題「漱六樓」，不分卷，凡八十八番。卷首有「郁泰峰／己亥年／所收書」朱記。

予記于卷首云：此豐潤丁氏持静齋藏本也。丁氏之書多得之上海郁氏，卷首印記宛然。

今又歸予。五十年間，三易其主，雲烟過眼，撫此惘然。壬子八月十一日，病中强書。留庵。

《佳趣堂置書述略》：予年九歲，偶于篋中得蠅頭細書一册，乃先大夫手抄歷朝名文。後書「予幼時無書可讀，借于人鈔録而讀者，今人有書而不思讀，哀哉」，讀之悚然。自十五歲，家貧失學，喜借書，晝夜抄寫。嚴寒乏炭，屈足腹下，冷暖交换，見者匿笑。抄書一葉，于古書肆易刻者五葉。購書歸，端貯几上，揖而後藏。年二十，得顧仲瑛《玉山雅集》元刻，蓋衡山文待詔舊藏也。萊陽姜友偶聞之於檇李曹秋岳侍郎，侍郎云「陸兄有此，或典或售，無所不可。不然當致慕中丞、丁方伯轉借。」予謂此非禁本，不介意，堅却之。於是侍郎來覓晤，歡若舊識。過吴巇舟方定，身先垂訪，每謂山陰人曰：「陸生有隱操，吴門第一流也。」甲子歲，以魏仲先《鉅鹿東觀集》、孫奕《示兒編》皆宋梓善本，見贈焉。歲辛酉，秀水朱竹垞檢討典試江南，亦造門訂交，晚選《詩綜》，有闕來借。二先生往來尺牘，不下四五十番。義門何庶常見而喜，跋其後云：「倦圃、竹垞兩先生，晚年家居，力不能多致。聞人家有未見難得致之本，汲汲借鈔。或計卷帙多寡，互出以相易。往來白下與吾郡，精神所注，惟此一事。著述中尤留意尺牘，尋所與其清陸君諸手筆，辭氣蕭然，似宋代名流，尤可愛玩。好事者若合并刻之，故是一段佳話爾。」夔州唐鑄萬亦曰：「陸氏之後子孫，觀侍郎之手蹟，守祖父之遺書，黽勉誦習，必有以文章經術顯於世者，此其清貽後之深心也。」典籍内間有宋元刻本，宋元人抄本，明賢録本，名賢稿本，出自閥閣公卿家者，郡城故族舊所收藏者，皆傳流有自，而與坊本迥異。餘則手抄、倩人鈔，借書僦金，三四星一種，方得入手。典衣節食，寒暑無間，竭六十餘年之心血，雖不敢自謂成一家之書目，實生平志之所屬，故至老而不倦也。後之子孫，覩兹卷帙，尚其博覽之、寶貴之，至抄謄藻飾，捆載遠遊，當思唐杜暹有「鬻及借人爲不孝」之語，並「有書而不思讀」之祖訓。若能擴增一二，則啓後承先，是余所深望也已。丁酉端陽後十日，書於清目處。平原陸漻，時年七十又四〔一〕。

朱筆眉注：漱六樓是周香岩子之齋名也，見《士禮居跋》。

【校勘記】

〔一〕此文用民國八年（一九一九）葉德輝觀古堂刻《佳趣堂書目·佳趣堂置書述略》校過，孫氏鈔誤處已徑改。

明遺民安廓菴日記　三册

原一巨册，今分裝三巨册

無錫東鄉周涇巷有先生周某者，嘗刻《删亭文集》，文至不佳，而周則頗自負。宣統二年，至商務印書館充校對，始共周旋。與語，始知渠于光緒間，向安鎮安氏買得古書舊畫甚多。安即明嘉靖間以銅活字版刊行《崔山大全》《顔魯公集》《熊朋來集》《初學記》《吴中水利》《春秋繁露》《東光縣志》等書安桂坡之後人也。子孫克世其家，至光緒間，遺澤猶未斬。予聞之大喜，再三索觀，始知桂坡藏書早已散失。所存惟我素、孟公諸人零星手稿耳。周得之，轉以易米者已不少，見存若干種，悉以歸予。周初以斷爛物視之，見予愛之甚，則殊居奇。此《廓菴日記》，得于辛亥夏月，時則小樓逼仄，赤日如火，而予妻錮閤又卧病在蘇，長途跋涉，間日一往，復有此餘興。與周某往來争辯，齦齦如也。追思往景，不禁慨然。

廓菴名無曠，我素之子、孟公之父，而高忠黨之壻也。以孝廉得知縣，著《率意吟》有刊本，謹見《無錫縣志》。此册自崇禎■■年■月■日起，崇禎十七年八月■日止，逐日存記，未嘗有間。天時人事，詩文函稿，國故旁聞，隨筆記載。至今視之，皆成魄奇。末有記南海時見聞者，已爲其後人割去數則，意必有觸時諱處也。廓菴鼎革之後，鬱鬱不樂，即以甲申冬亡化，卓然遺民也。鮑緑飲得元人《江行日記》，遜此完善矣。暇日擬乞人題之。

桂坡大夫遊草　二册

此安桂坡家刻本也。孟公手跋稱是「活字銅版」，其實不確。予見江陰繆筱珊有安刻《顏魯公集》二部，一是活字本，一是雕本。固知桂公當日，先擺板印行，再雕板以垂久遠《初學記》只見雕本也。此本絕非擺版，固一望而知者。版心上有安桂坡館字，出《初學記》之式，半葉十二行，行十八字。上册爲《北遊》《西遊》《東遊》三記《西遊》缺第七半葉，八、九二葉，孟公鈔補足，終以「東遊稿」「東遊附録」。下册爲《遊吟小稿》，《列朝詩選》《明詩綜》皆未之及，傳本之罕見可見矣。孟公于書面題「桂坡大夫遊草」，今即以爲名。又跋：「叔光處亦藏《北遊》《西遊》兩記，《東遊》惟存此册，其重寶之。康熙丙寅潔園孟叟謹記。」予考桂公以一贅壻而富甲江南，精鑒古物，刊書行世，詞翰精美。出遊之日，公卿倒屣，文子文孫，世滿其美。讀此而始服其胸襟之大，瞻矚之遠也。

桂坡大夫遊草又二册　二册

此又一鈔本。版心下有「西林書屋」字樣。邑志：西林膠山，安氏園也。嘉靖中，安桂坡穿池廣數百畝，中爲二山，以擬金焦。至國孫紹芳，即故業大加丹雘，與天下名士遊賞其中。二百年以來，東南一名區也。此蓋紹芳依刊本録副以藏于家者。下册無印格，但筆跡與上册同。《洞庭》《天目》《越中》三篇，則我素之作。《北遊》《西遊》《東遊》贈言，刊本在《附録》中，此分列各記之後。

朱筆眉注：紹芳有《西林集》。

桂坡大夫遊草又一册　一册

此册上半爲桂公之孫无曠手録，凡《北遊記》四頁半、《西遊記》七頁半、《遊吟小稿》五頁。藍格紙，版心魚尾上題「衆香閣」，无曠書齋也。下半册是孟公手録，頗與上半重複。繼讀孟公跋，謂「另寫一本，藏諸宗祠，俾無失墜」，意此即祠堂藏本歟？此册裝成，適歸安朱古微先生自吴中來，出以示之，爲題「宣統二年六月歸安朱祖謀觀」一行。

我素先生遊記手稿　一册

此册初無題記，審其字蹟，確是我素先生手筆，蓋亦得自安氏也。用金粟山房藏金箋書，烏絲格，版心魚尾上有「芙蓉軒」三字。字蹟雅秀絶倫，塗乙甚多，蓋途中隨意記録，尚非定本。凡《庚子遊天目記》六頁、《越東記遊草》二十頁、《詩艸》五頁、《己亥中秋記遊》六頁、《己亥秋遊詩》五頁。予得之，初付人修理，殊不工。又屬一裝工改作之，雖較愈而亦不能愜意也。蓋此本眉欄上皆有字，不能切齊，如用金鑲玉法，原紙過厚，亦難伏帖，修書之難如此。此本亦有朱古微先生題字一行。

膠東山水志　一册

安孟公手稿。「膠東」即安氏所居處，俗名「安鎮」者是。此書備記一時林泉寺宇藝文之勝，令人神往。字蹟蒼秀，孟公小楷之最愜心者。

眉注：國初邑中之工詩古文辭者，結「雲門社」于慧山，名動遠邇□。睢州温斌、吴門汪琬、慈谿姜宸英咸來赴會。邑中與於會者凡十人，號「雲門十子」：顧景文、弟貞觀、秦伯〔一〕寅、秦松齡、黄瑚、嚴繩孫、鄒顯吉、劉雷恒、劉霖恒、安璿。

【校勘記】

〔一〕「伯」，應爲「保」。

家乘拾遺　一册

與《罨畫樓墨餘》《罨畫樓文集》《孟公不在兹集》合裝一册。

安孟公手稿。書止八葉，而安氏盛衰之概，歷歷可見。讀之不勝故家舊木之感。

觀妙居日記　一册

題元和李鋭。書中夾「算草」一葉。自嘉慶十年乙丑六月初一日起，至嘉慶十一年丙寅十二月二十九日止。中間蟬聯而下，未缺一日。一時賓從及流風遺俗，皆可見焉。

眉注：《揅經室二集·李尚之傳》：李鋭字尚之，一字四香，元和縣學生員，幼開敏，有過人之資。精中國本算法，上爲考處甚多，以詩文爲雕蟲小技，不足觀也。然工《四書》之文，家居教學，從遊甚多。君則屢不中，且蘭艸未徵。

觀妙居日記　一册

又一册。此册轉贈東友長尾雨山，甲寅又得一本。記嘉慶十四年己巳一年事。予初得一册，越數日，書友又以一册來售。前册出價二番，此册較少，與以一番。臼炊頻夢，行自傷，得咯血疾而歿。嘗佐文達校《禮記正義》，輯《疇人傳》，吳修《續疑年録》謂五十歲。

榅書隅録六卷續四卷　八册

鈔本

依海源閣本録副。

南唐書三十卷　六册

明刊白棉紙印本

嘉靖庚戌姚昭刊本。白口，半葉十行，行二十字。比他本多「崇寧乙酉馬令自序」一首。收藏有「小李山房圖籍」白文方印。

前漢紀卅卷後漢紀卅卷　二十册

明刊白棉紙本

嘉靖戊申黄姬水刊本。自序謂據華庭朱氏臧宋本繙雕。白口，半葉十一行，行二十字。此與上《南唐書》均是三百餘年前物，而紙白版新，若未觸手，殊可貴也。《前》《後漢紀》是外舅張質甫先生遺書。方余二十歲後，鄉居之日，清芬書室張氏藏書處之書，排比室中，約有數十櫝，余恒從借觀，後其家遷往蘇、滬兩地，書亦移至蘇州，不復整列，而亂堆于破樓之中。宣統間，與内姪某登樓二次，遍閱諸本，無一佳者。向時所見一二舊刻，悉已不存，問其後人，亦不知也。惟此尚未散逸耳。收藏有「茂苑儒林世家」「馬印士龍」二印。

金國南遷録不分卷　一册

舊鈔本

題「通直郎秘書省著作郎騎都尉賜緋張師顔録」。抄手甚精。

永州兩巖集不分卷　一册

明刊白綿紙印本

首有嘉靖丙戌黄焯序，稱《永州兩巖集》，今秖存《朝陽巖集》矣。槧刻甚精，書亦罕見。豐潤丁氏持静齋藏書，實負東南之重望，鼎革以後，稍稍流至上海。予得《佳趣堂書目》《金國南遷録》《永州兩巖集》《鄭子漫言》四種，餘悉爲有力者所得。丁氏所藏，悉無印記。予驗其裝潢而知之也。

清溪弄兵録建炎維揚遺録采石瓜洲斃亮記坿録坿中興禦侮録二卷襄陽守城録　一册

校舊鈔本

五種合一册。鈔録極精，書唇隸書，精雅絶倫。收藏有「何焯」「洮湖長」「秀水朱士樵印」。

南渡録大略竊憤録竊憤續録阿計替傳　一册

舊鈔本

精鈔長卷頭。共九十七番。收藏有「楓溪戴二蕉珎臧書畫之章」朱文方印。

錫山景物略十卷　五册

明刊本

予記卷首云：邑志之外，其搜記遺聞瑣語，令人重鄉邦之感者，惟王氏此書爲善。惜傳本無多。光緒中葉，其裔孫曾爲重繡諸梓，以省工故，文多節删，魯魚帝虎，亦復觸處皆是。於是此書名存而實亡矣。東鄉安氏，自桂坡以來，代有藏書。宣統辛亥，遺書散出，收得是册，猶是散葉也。喜而裝之，仍不切訂，以存其本來面目云。辛亥十一月十一日。

開化志二卷　二册

舊抄本

康熙間鄉人王抱承撰。有自序後跋，共分二十六門。向無雕本。收藏有「湛恩珍藏」白文方印。

中吴紀聞六卷　二册

校毛本

此本款式，於毛刻諸書中爲特異者。四周黑邊甚闊，黑口大至寸，上下魚尾僅隔一寸有餘。此本後有「虞山毛晉校刊，男扆再校」一行，爲毛氏修改本。初印本訛誤甚多，陸勑先手校，屬其倩斧季改正。陸氏校本今藏上海某書館，予手臨其圈點，又借得舊抄本校一過，改正毛刻不少。臨陸氏手跋云：「戊子穀日刻本校一過。覿菴。」收藏有「沙山姜體藏」「許印文錦」「悦理翁」諸印。

經進後漢書年表存一至五　一册

舊影寫本

此本自蔣香生家流出，審是滋蘭堂舊鈔，而裝潢則係閩工。蓋蔣氏之書得于周季貺，季貺之書又得於陳蘭鄰也。本是江南舊物，流入八閩，復轉輾歸來，雖一殘本，其淵源可溯有如此者。黑口，烏絲闌，當是影鈔。收藏有……〔一〕

【校勘記】

〔一〕此處孫氏未列藏印。

前漢書一百卷　三十册

明北監棉紙印本

大題在上，小題在下，第二行題「漢蘭臺令史班固撰，唐正議大夫行秘書少監琅邪縣開國子顔師古注」。第三行題「皇明國子監祭酒臣李廷機、承直郎國子監司業方從哲等奉勅重校刊」三行。板心魚尾上記云「萬曆二十五年刊」。半葉十行，行二十一字，小字同。首列「叙例」及「前漢誤本」。

後漢書一百二十卷　三十册

題「宋宣城太守范曄撰，唐章懷太子賢注」，餘同《漢書》。二書皆爲高麗人裝訂題字。藏印亦是高麗人，中有夾簽甚多。「道」「任」等字，多被挖去，或是其家諱耶？雞林樂浪，同文同種，有史以來，世爲屏藩，洎乎晚世，魯衛之政，同于兄弟，彼已不祀忽諸，我亦時虞不保。百六飈回，思之不所痛耶？蓋得書之日，正某國進攻青島，焚掠傍縣，山東父老倉皇流離之際也甲寅九月。

光緒十八年，予二十二歲，先父逝世二年矣。訓蒙之餘，始有志于沉博絶麗之文。常聞先輩言，舉業之餘，不可不觀《史》《漢》。予藏其言于心久矣。抑不知此等書，何處可得。蓋少長鄉間，足跡罕至城市，而所與游者亦皆不足以語此也。後見上海石印本《漢書》，雖雅慕其文，而字跡窄小，頗不善之。思得木刻大本，置之案上，正襟危坐，發恭敬心，誦此古書。會榮巷某示予金陵書局目録，則所想望之書皆在焉。私心甚喜，然猶有二難：一則無錢難，《兩漢書》一部，局價厘五千文而弱，似寒士之力，尚不難致，顧予爾時一歲之館穀，不過二十千，其何能出四分之一以買一書耶；一則道遠難，大約鄉人之爲士者，非逢鄉試之年，則斷不至南京，予既無鄉試之緣，又并此鄉試諸公而不識，則視金陵數百里行程，直如異域矣。以此二難，久之莫得。有執業於電報局者，交遊較廣，頗嘉予志而憐之，爲轉輾購致《前》《後漢》《晉書》《南》《北史》，其錢則鈿閣所出也。《兩漢書》曾研朱句讀一周，《晉》及《南》《北》，亦皆涉獵，此二十年前事也。屢更遷徙，携之累墜，某年遂售與蘇州書估。行篋所有者，乃石印小本耳。年來頗思得一舊本，所見有宋景祐本原書止存半部，餘悉鈔補，黄蕘圃手鈔目録，是持静齋丁氏物，今流入滬上、明正統本、廣東崇德書院本、汪文盛本，諸本中除宋刻外，以正統本爲佳，汪本次之，價皆須一二百金，未易致也。蓋予之買書力，不過較厚于十年前耳，若與大宦富賈相競，則猶侏儒與巨無霸比矣。不得已而求其次，惟明監本乎？此固不爲世所贊絶，價當減也。考明監本《兩漢書》，源出於宋建安劉■■本，王西莊盛稱其愈於毛本。莫郘亭亦印於史。苟得初印白棉紙監本，亦已足矣。爰精心求如郘亭所云者而購藏之，顧即書之佳者，其罕見反甚於正統諸本焉。甲寅十月二日，過三馬路某書坊，獲見此本，不覺蠢然有□於心也。問價亦不奢，往返數次，因以得之，而記其因緣如此。甲寅十月五日，即陰曆八月十五日，書於上海寓樓之北窻。

絳雲樓書目七十四卷補遺一卷附静惕堂目　四册

精鈔本

此比任刻多補遺、寫録工疋，校勘精審，每一展卷，使人志意自遠，誠小淥天中尤物也。卷尾有葉德輝手跋，寫作之佳，亦不負此書。收藏有「曾在上海郁泰峰家」朱文長方印丁氏持静齋無印記。

汲古閣珍藏祕本書目　一册

精鈔本

寫録之精，又在《絳雲樓書目》之上，與士禮居栞本不同，書止三十一番，竟以十銀圓易得，亦可謂愛書不愛錢矣。卷尾題「嘉慶三年戊午秋日笏山吾德寧手抄」。

重刊襄陽郡誌四卷　二册

天順刊本

明初志書，傳本極罕。此天順四年知襄陽縣事李人儀刊行，邑人張恒編集本也。各家絶未著録。首爲圖及沈慶記，尾有跋，已不全，題「重刊者謂本舊志重修也」。葉二十四行，行二十三字，黑口，四周雙邊，字畫遒媚中時露奇氣，明初本之所以可貴也。每卷末有「丙子鄉貢舉人襄陽徐淮書」一行。

《重刊襄陽郡誌記》：襄陽有郡，古文獻邦也。環江帶山，土地沃衍。遠接川蜀，密邇兩廣，江右中州，又尚鄰壤。山明水秀，俗厚民醇。錢穀甲兵，倍蓰他郡。實湖湘之鉅鎮，匪陋邦僻壤所可一二擬倫也耶。其領州有一曰均，而邑則倍而之十，曰襄陽、棗陽、宜城，曰南漳、穀城、光化，曰房縣、竹山、上津，而鄖則隸於其州。水陸交通，道里適均。在誌，本荆、豫二州之域，北距南條荆山，即今南漳卞和得玉處也。周爲穀鄧鄾盧羅鄀之地，宣王時封仲山甫於樊，是爲樊城。春秋時爲樊地，又爲楚之西津，秦以漢江之北爲南陽治，鄧州南爲南郡治。漢始置襄陽縣，縣隸南郡，以其水出嶓嵱山，道漾東流爲漢，溢則懷山襄陵。《荆楚記》云「水駕山而下爲襄，且水北爲昜，故曰襄陽」。魏武始置襄陽郡，並縣治。西晋因之，古荆州治所，羊祜、杜預皆鎮襄昜。東晋雍之流民來聚，因僑置雍州。宋文帝遂割荆州，置雍州理於此，領郡十七。齊、梁因之。西魏改襄州。隋唐因之。唐復陞爲山南東道，以襄州爲襄陽府，領七縣。後周廢爲樂鄉縣。按《五代史》云「唐梁之際，改忠義軍」。宋至和間爲襄陽府。元改爲路，後仍爲府，大率相因。然其爲勢雄據上流，抗輿清沫之氣，代鍾賢哲，名邦傑然。若羊祜、杜預之政蹟，李白、杜甫之詩文，韓退之、歐陽修之記序，誠若雲漢昭回，日星炳燿。今古諱之，迢入聖顯，沐浴清化，守令帥臣，率皆循良英武，而文人才子，亦彬彬輩出，媲美於古，後以重而大。匪親而賢，不足以控制而福是邦，乃穩長沙、襄藩大國以往鎮之。用是十餘年間，南服奠安，人民樂業。予近觀風至郡，守令而下，咸於公暇請曰：郡誌脱略訛舛太甚，幸兹較正，以繡諸梓，以廣其傳。願得明公記文以冠首簡。予竊歎，居民牧而能留心文典，可謂知所重矣。遂不辭而揚言曰：仰惟我國家茂隆，景運一統，寰宇四方，萬國咸入職貢。文恬武熙，歲百年於兹矣，猗歟盛哉。且郡誌散逸，久而不修，孰不視爲廢書蠹簡，不幾乎峴首之碑泯同砂礫，高昜池館淪爲丘墟，何以示後？今兹誌既修，井然有條，門類分别，山川人物、道路橋梁、宫觀郵驛、州邑城郭、因革相仍，貢賦錢穀、絲集麻帛、羽毛鱗介、水石花木，爰及魚鹽茶漆之利，土宜日用之需，莫不備載，以至古今名宦、山林隱逸、忠義貞烈之士，神仙方技之流，可法可重者悉載無遺。詩文賦詠，有關風化者録之，而誕漫不經者，雖工弗取也。其校之精、訂之正，兹板之行，人所争先快覩，什襲珍藏，若蘭金大具，寶之又寶，豈但勝覽輿圖以爲清玩。其必景行先哲徽猷功業詩文，挹其瀾，揚其波，以潤澤心胸而資爲用事之具者，可勝紀耶？其於治道，豈曰小補云哉？天順三年，歲在己卯臘月初吉，中憲大夫湖廣按察使副使前翰林院五經博士餘杭沈慶記。

收藏有「陸印時化」在首卷、「渭南伯文房印」、「陸時化字潤之」、「檀逸民蕉麻夢」皆在每册後副葉等印記。持静齋印記無。

國朝名臣事略十五卷　八册

紅格舊鈔本

趙郡蘇天爵伯修輯。

第一許有壬序，第二歐陽玄序，第三王理序，後接目録，目後題「元統乙亥余志安刊於勤有書堂」。葉十八行，行廿一字。元板葉廿六行，行廿字。王理序後題「乾隆丁丑得於吴門。此書訛字頗多，當求善本正之」二行。通體經邵朖仙以朱墨筆詳校，手跋於後云：

此舊抄本《元名臣事略》十五卷，從元槧校出。第四卷第九葉鈔本顛倒互寫，爲■

元槧寫之，訂於卷末，其許有壬叙一篇，聚珍板亦未收，並爲照録，引繭抽絲，藉可尋元本之舊云。道光五年八月廿又八日邵朖仙手識。

丁亥正月，用吳門黄氏收藏淡生堂鈔本續校一過，凡元刻模糊，抄寫空缺，悉用朱筆録之上方。朖仙又識。二跋一朱一墨，皆在二卷末副葉。

收藏有「朖仙手校」「瞿氏鑒藏金石記」「恬裕齋藏」「豐順丁氏退思齋藏」「絜園主人」等朱記。

眉注：王守誠跋在末卷尾。

東城雜記二卷　一册

舊鈔校本

錢唐厲鶚太鴻。樊榭手稿本，今藏江南圖書館。此本是吳兔牀從知不足齋借鈔。書衣上手隸「東城雜記」四字，《昭代叢書》刻本即從此出，故字句略同，惟不分卷耳。是本歷經吳兔牀、吳枚菴、陳仲魚、魏小洲諸人手勘，丹黄爛然，甚可珍玩。乙卯四月二日，患頭風家居，客有敂闗來見者，出此相賞，遂得收入敝篋，爲之一快也。

吴氏手跋云：《東城雜記》二卷，從知不足齋借抄，緑飲言此尚非足本，惟郁陛宣茂才東歗軒藏本最佳，當更録勘之。甲辰秋七月暴書日記。吴騫隸書。

又云：乙巳歲，吴門宗人枚菴借録，又爲勘出數處。

陳氏手跋云：嘉慶十四年冬日，陳鱣借録於吴門寓舍，並校一過。昔方得樊榭徵君所著《玉臺書史》，因與拜經樓主人交易而觀，各鈔副本云。次年春正月鱣識已上皆在卷首。

魏氏手跋云：乾隆甲辰渡河日，展視一過，妄爲改正數十字。魏氏並識此在卷末。

收藏有「千元十駕人家藏本」白文長方印，在卷首副葉、「兔牀手校」朱文長印、「竹下書堂」朱文方印。已上皆在卷首、「馬玉堂」白文方印、「笏齋」朱文方印、「蓳浦校定」白文方印，在卷尾。兔牀記云：杭先生圖記亦小洲所得以贈予者，殆因此書有杭先生一序，故兔牀以此加之耶。

眉注：馬印是挖補，然印章固真，故亦記之。

史記一百三十卷　四十册

震澤王氏依宋刊本

此嘉靖間王延喆翻宋黄善夫本也。黄刻殘本六十卷，今藏上海涵芬樓。予曾借讀，紙墨之佳，爲宋本中所僅見。王本雖未能遽及，然行款字樣，纖毫未改，虎賁中郎，可云逼肖。既見宋本，方知此本之善也。甲寅之春，見結一廬朱氏藏本散在鄉人丁某處，即欲得之，未能就緒。乙卯夏五，始以百元購之，價雖極貴，然四十册觸手如新，不闕一字，亦難得也。少時見一局本即愛不忍釋，今能藏此本，已覺出於意外。前所手摹宋本序目及牌子三葉，裝入卷首，並記宋本存卷以志雲煙一瞥之感云。目録後有篆文「震澤王氏刻梓」牌子，《集解序》後有隸書「震澤王氏刻於恩褒四世之堂」牌子。

卷末記刻書歲月七行，其文如下：「延喆不敏，嘗聞於先文恪公曰，《國語》《左／傳》，經之翼也。《遷史》《班書》，史之良也。今吴中／刻《左傳》，鄆中刻《國語》，閩中刻《漢書》，而《史記》／尚未板行。延喆因取舊藏宋刊《史記》，重加／校讐，翻刻於家塾，與三書並行於世。工始/嘉靖乙酉臘月，迄丁亥之三月。林屋山人/王延喆識於七十二峰深處。」

卷首有楊氏手跋云：「光緒丙戌十二月十九日，宜都楊守敬觀。」又云：「此書原爲宋建安黄善之所刊，余在日本見米澤上杉藏本，板式行款，全與之同。相傳王延喆假得書賈宋本，影摹上木，不一月工成，以原書與新印本使書賈擇之，不能别。余謂如此巨帙，豈能成之一月。且此刻雖精，與宋本終有間然。自今言之，則即作宋本觀可也。守敬再識。」

眉注在「黄善之」上：「之」當作「夫」。

大清一統志殘本　四册

精鈔本

此嘉慶重修本也，向未鋟木，惟有正副二寫本，僅藏於翰林院耳。滄桑之後，未知猶存否。此本應是從官本摹寫。觀其界線紙墨，必纂不同尋常。當時總裁爲祁文端，是王謝堂中物也。雖非全本，而零珪斷璧，撫之尤令人感嘆於無窮。存雲南省之姚安、武定、景東、順寧、蒙化、永昌、永寧、沅江、楚雄、大理十卷。

昭德先生郡齋讀書志二十卷

汪氏藝芸書舍精刻本，白棉紙初印

門人姚應績編。《郡齋讀書志》足本，自宋游史君鋟諸三衢後，七百年來，未見有翻雕者，傳本甚稀，《四庫》謂其已亡。世所見者，僅袁本而附趙注者耳。嘉慶己卯，汪閬源〔一〕得舊鈔，屬李鄉沚、黃蕘圃校刊行之。案語中云「案者李，覆案者黃」也。雕印之事，黃實董之，故款式如《士禮居叢書》，半葉九行，行二十一字，白口，左右雙邊，雕鏤精工，爽心悦目，實爲難得。汪氏後跋，謂「增補缺失，一字訂訛，往來之書，日再三返」，精審不苟如此。然此本猶有差脱。後閱長沙王先謙氏《郡齋讀書志例略》，知汪氏刻成後，校出誤處，剜改重印。此初印本，故猶留誤字也。「顧千里辨小學類第二所以」下有錯簡，瞿木夫有考辨舉要，見《木夫集》。收藏有「■■■■」白文方印在卷末。

【校勘記】

〔一〕「源」，原文作「苑」，誤，徑改。

續高士傳編目十卷

茶夢齋鈔本

黑格紙鈔本，版心有「茶夢齋鈔」字樣。予初得時破酥已極，屬工補綴之，累月而畢。夏初至吴，遊護龍街，有延賞齋坊主出示此本，見其板心有「茶夢齋」字樣，字畫古拙，筆筆皆合宋槧法式，審爲鄉先哲皇象山人真跡，因以厚值得之。裝潢補綴，累月而畢，居然神明煥發矣。天下滔滔，安得絶人逃世，追蹤玄晏，比跡逋翁，而寄茶夢之所寄也。寒宵展玩，與希昭漫記之。朱校亦出山人，脱字皆補於行末，而以圈記之，此亦剏見，希昭所鈔書亦往往效之也。乙卯秋腊二十日剪燭。

三衢孔氏家廟志一卷附録一卷附録新家廟記載事實一卷　一册

明初精刊黑口本

《家廟志》不著撰人，《新家廟記載事實》題「宣聖六十一代孫府學生員弘章謄録」。前有弘治乙丑長沙沈杰序，後有嘉靖丁亥騎石山人伍聰識。蓋前帙雕於弘治，後帙成於嘉靖，兹爲合印本也。有「家廟圖」一葉。宋高宗時，四十八代孫襲封衍聖公端友扈蹕南渡，因立廟於衢。元明以來，相承不廢。弘治時，守土者裒録諸臣記疏、碑碣詩文，凡繫於衢之孔氏者，録爲此書。流傳絶少，收藏家皆未著録，冥搜得之，亦可喜也。收藏有「抱經樓」白文長方印。

會通館印正宋諸臣奏議　十册

此吾鄉蘭雪堂銅活字翻宋本也。版心上方雙行題「弘治歲在閼逢閹茂」，下方雙行題「會通館活字銅版印」。半葉九行，雙行並列，如夾注之式，半葉得二十八行，行十七字。

四周單邊，白口。首列淳祐庚戌眉山史季温跋，次諸王孫希瀞敬書，次進書札子，次進皇朝名臣奏議序，次目録，次華燧刊書序。卷一首行「會通館印正宋諸臣奏議卷一」，第二行低三字「龍圖閣直學士開國伯趙汝愚輯」。遇宋帝皆空一字。元書一百五十卷。家本自卷一至卷六十五止，闕八十五卷。目録亦不全。考會通館以銅活字翻印書籍，經子集三部最多，久爲收藏家見珍。史部則惟此種，流傳絶少，雖非完璧，而柴窰一片，得者猶足自豪，況鄉先輩之流風餘韵乎？常熟瞿氏有宋版，云有總目十三葉，活字本失之。收藏有「抱經樓」白文長方印。

西漢會要七十卷　十二册

依宋舊鈔本

首行書名，次行低四字題「從事郎前撫州州學教授臣徐天麟上進」，有《進書表》，自序永嘉戴溪書。全書皆半葉十行，行二十字。精手精雕，惜爲庸妄人點竄壞耳。暇時，得以鉛粉塗之。此得諸金山守山閣錢氏。收藏有「曾在雲間嘯園沈氏」朱文長方印、「沈慈之印」白文方印、「太常博士」朱文方印、「甲」朱文橢圓印、「沈慈印」白文方印、「小峰」朱文方印。

眉注：《經眼録》云「宋本，十一行二十字，尚有李訦書樓大防序，録白省札」。

南唐書十八卷　一册

汲古閣刊本

國語三卷　二册

明初槧本

莫友芝手校。

鄭子漫言二卷　一册

明刊白棉紙印本

嘉靖丁酉刻本。據其壻林炘跋，謂少谷先生詩文若干卷，往汪郡公刻之，獨《漫言》未行。予藏《少谷集》無《漫言》，足知此本之可貴。通體摹刻甚精，持静齋舊物也。收藏有「林汲〔一〕山房藏書」「璜川吴氏收藏圖書」朱文方印。

【校勘記】

〔一〕「汲」，孫氏原稿誤作「波」，徑改。

山房隨筆　一册

明藍格抄本

題「全愚蔣正子平仲」，與知不足齋本合，間有此本較勝者。如「至元戊寅」條，「白鬚蒼顏一腐儒」不作「白鬚蒼頭」；「南康建昌縣」一條，「鄧文龍年八歲穎悟」，鮑本脱「悟」字。

紀善録

附《山房隨筆》後。

吴門杜瓊〔一〕撰。其人無考。所記皆正統時事，疑即當時人也。《天一閣》《善本書室》皆載之。此及《山房隨筆》，從一寧波人陳姓得來，觀其裝潢款式，疑是天一閣舊藏也。

【校勘記】

〔一〕「瓊」，孫氏原稿作「璚」，今據通行本目録徑改。

開元天寶遺事二卷　一册

舊抄本

從建業張氏銅活字版影寫。卷末有跋云：此書所載明皇時事最詳，至一話言、一行事。後夫文字間所引，大抵出於此書者多矣。紹定戊子，刊之桐江學宫。山陰陸子遹書。

眉注：「夫」疑當作「世」。

美芹録二卷　一册

明刊白綿紙印本

嘉靖時雲間潘恭定公所著，有自序及秦嘉樹一序。所記皆明初時事。藏書家少有著録者。此自東鄉安氏散出。

董氏家難記不分卷　一册

舊抄本

此册得於蘇州觀前一舊書鋪，携歸閲之，則董文敏與鄉人交鬨事也。書本無名，予援《錢氏家難記》之例，爲題今名。有無名氏跋云：此本得於東賢陳禮園家。董文敏居鄉，頗不利於人口，蓋亦是時吴下鄉紳習氣，即徐文貞不免云。收藏有「滇江劉眉生收藏」「彦清珎秘」等印。

冷齋夜話十卷　二册

影元抄本

點畫悉照元本，又假元本校過，凡原本顯然有誤者，此已改正。半葉九行，行十七字。

元本缺第五卷第六葉，此却不闕。辛亥冬，繆小山假去與舊鈔對勘，云此本好處極多。九卷「開井法禁蛇方」，衹存末數語，似缺一葉。取校元刊，則號數聯接，與此本同，不可解也。若它本，則已去之矣。繆云目録係坊肆妄作。元刊有蕘圃手跋，兹亦録之如左：

《冷齋夜話》所見本，此爲最古矣。惜是坊刻，故多訛舛。余先蓄一本，係殘帙，後嘉禾處借得補全，以備藏弆。頃書賈獲一全本，中所缺失錯亂，復賴前本抄寫更正，亦一快事。壬申中秋後十日記。復翁。

明皇十七事不分卷　一册

青芝山堂抄本

蕘圃校語，另紙録成四葉，裝於卷前。

王氏手跋云：此《明皇十七事》一書，予未前見。今從蕘翁處假得青芝山堂鈔本，始讀一過。山堂主人張氏，名位義門之徒，其子充之，猶及與嘉定錢少詹事偕爲諸生，偕肄業紫陽書院。迨少詹事歸田，來主院事，仍在試場，未脱■■籍也。父子相繼，專力讎古。不及百年，遺帙散盡，身名翳如。雖同里閈如予，有不能追紀其行事。歐公所謂「勤一世以盡心於文字間者」，不亦悲乎！嘉慶乙亥夏六月。愓甫。

黄氏手跋云：右青芝山堂鈔書中之《明皇十七事》，以《顧氏小説》證之，即《次柳氏舊聞》也。今據顧本校如前。青芝本每葉二十行，每行二十四字。中多一條，在「肅宗爲太子時」一條後、「興慶宮上潛龍之地」一條前。又最後多一條，據張充之手跋，云「顧元慶《四十家小説》中本多此條，今補入」，又云「《唐人小説》中録十七事止此，其校語注在『安禄山之叛也』一條下」。然就青芝本核之，實不止十七事也。至於顧氏本，或多後一條未可知，蓋其事本名「次柳氏舊聞」，非「明皇十七事」也。然以余目驗顧■■■之，竟無此一條，未知何故。豈顧■亦有原板、修板之别■有異耶？■亥六月四日校訖，偶記所見如是。復翁。

越日，借得張訒菴藏《伍氏小説》中《明皇十七事》勘之，知此鈔本叙次多與伍本同，所云「最後一條」，據《顧氏小説》增入者，此非也，蓋即《伍氏小説》本耳。書不可不旁引曲證，而得其原委者如此。紅筆又校《伍氏小説》本。收藏有「愓甫借觀」「漚波舫」「老愓晚年書」「愓甫經眼」等印。

眉注：毓修案，青芝山堂鈔本極爲蕘翁所推重。如《跋桂林風土記》云「予此本郡先輩青芝先生手鈔，卷端鈐『歸莊』小印，即其姓名也。書法之秀，讀書者之藏書，斯爲善矣」。辛丑又跋「郡中青芝山堂所儲鈔本《孤臣泣血録》。癸酉仲冬二十有四日。又跋張青芝手鈔劉灊《歸灊志》，並此而四矣」。讀愓甫跋，知青芝爲義門之徒，淵源有自，宜其所藏之多善本矣。藏書之家，常至露鈔雪購，書生棉力，購恐不能，鈔猶可勉，寒窻鐙火，藉此自遣。誦「愛讀奇書手自鈔」之句，亦足忘其疲矣。從來手鈔之見珍者，有皇山人、姚咨舜、吴文定、匏菴、石門吕無黨、金亦陶，而青芝亦爲後來之秀。

開天傳信記不分卷

青芝山堂鈔本

與《明皇十七事》同裝一册。亦有「愓甫借觀」等印。

佩韋齋輯聞四卷　二册

舊抄本

收藏有「東魯觀察使者」「孫印星衍」白文印。

圖繪寶鑑五卷　四册

校元本

有朱筆題云「依至正本校」。無收藏印記。

皇極經世書外篇二卷　一册

明刊白棉紙印本

半葉十行，行二十字。

百川學海

明翻宋本

每葉二十四行，每行二十字。宋本分二十卷，《彙刻書目》云「明本以十干分集」，然此本板心分記各書名，而無干支字樣，豈《彙刻書目》所記者是清初翻本耶？弘治十四年無錫華珵汝德重雕，亞於宋刻一等，非清初刊本可比。白綿紙印。原書百種，今存二十四種，得原書四分之一。其目如下：

甲集存五蔡邕《獨斷》、李涪《刊誤》、楊彦瞻《九經補韵》、《中華古今注》、《釋常談》，内缺四種。

乙集顔師古《隋遺録》、李肇《翰林志》、《宋朝燕翼詒謀録》，缺六種。

丙集全缺。

丁集《宋景文筆記》、《戴氏鼠璞》、陳録《善誘文》，缺四種。

戊集《東坡志林》，缺七種。

己集《王公四六話》、謝伋《四六談麈》、《文房四友除授集》、《擬彈駮〔一〕四友除授集》、《梅屋獻醜集》，缺四種。

庚集《疏〔二〕寮選詩句圖》《石林詩話》《後山詩話》《許彦周詩話》《温公詩話》《唐溪詩話》《竹坡詩話》，缺二種。

書賈以原刻序目撕去，另補目録，顛倒其序，妄題「危素校刻」云云。今以其跋挖去，目録上有「靈芬館主」一印，遂存之，蓋靈芬當日亦未及細審也。重裝時悉依原書更正，又補録左氏序於首。收藏有「靈芬館主」「郭麐過眼」二方印。

【校勘記】

〔一〕「駁」，原文作「駿」，誤，徑改。

〔二〕「疏」，原文作「選」，誤，徑改。

新刊鶴林玉露天集六卷地集六卷人集六卷　九册

日本刊本

廬陵羅大經景綸。日本寛文二年壬寅中野市右衛門梓行。蓋重刊明萬曆甲申閩本也。有黄貞升序。每集均有羅氏小序。半葉十行，行十九字。字畫古拙，頗似蘭雪堂活字本。

鶴林玉露十六卷

明刊本缺序目及卷十三以下

廬陵羅大經景倫。明刊大字本橅印，頗見精疋。卷五至八舊以小字本補入。

太平廣記五百卷　三十册

明萬曆刊本

《文瑞樓書目》有許板《太平廣記》，即此是也，蓋重雕吾鄉談十山本，卷首猶存十山序。《太平廣記》在嘉靖以前流傳多是寫本，因有闕文闕卷之憾，兹刻一仍十山之舊。聞杭郡吴氏有談刻《太平廣記》，陳仲以宋本校過，急往求之，已爲他人購得。甲寅七月記。

汪氏説鈴二卷

惠紅豆鈔本

鈍翁自注，後學惠棟增補。《説鈴》刻本僅載鈍翁自注，惠氏增補倍於元注，此當是未刻稿本也。卷首記注内採用書目有一百二十四種之多，「李王俱過予飲」云云一條爲刻本所無，字句亦較刻本爲佳，惜闕後跋半首此跋亦刻本所無。烏絲欄紙，欄外刻「紅豆齋藏書鈔本」七字。半葉十行，行二十四字。甲寅七月十二日，得之於食舊廛，可爲消夏中之佳品。收藏有「項原漢泉氏啚書記」白文長印、「小天籟閣」朱文方印、「項芝房珎藏書畫印」朱文長印、「秀水莊氏蘭陸軒收藏印」朱文方印。

顧氏文房小説

甲寅七月，溽暑甚苦，思得新書以消遣，訪食舊廛，得此《文房小説》殘本。原刻四十家，今秖存十六，雖非完帙，亦足珍也。左邊外有「陽山顧氏文房」一行。半葉十行，行十九字。今見存者如左：

《古今注》三卷長洲顧氏家藏宋本校行。

《隋唐嘉話》三卷夷白齋宋板重雕，遇唐帝皆提行。

《周秦行紀》

《南岳夫人傳》

《張太史明道雜志》

《宜齋野乘》長洲顧氏宋本校行。

《松牕雜録》嘉靖辛卯夷白齋重雕。

《次柳氏舊聞》

《集異記》二卷

《資暇集》三卷埭川顧氏家塾刊行。

《幽閒鼓吹》陽山顧氏十友齋宋本重雕。

《小爾疋》

《詩品》三卷正德丁丑長洲埭川顧氏雕。

《本事詩》

《德隅齋畫品》夷白齋舊本重雕。

《鼎録》

收藏有「古微堂秘笈印」朱文方印、「邵陽魏氏收藏金石文字記」白文長印。書中有書「息機道人」者，皆魏氏默深手筆也。

河東先生龍城録二卷

明濟美堂刊本

目録後有牌子云「東吴郭雲鵬校存梓」。

演繁露十六卷續演繁露六卷　四册

宋龍圖閣士宣奉大夫權吏部尚書新安程大昌著。前有淳熙庚子自序，後有淳熙辛丑陳應行跋、俞成跋。續集後有男覃跋、嘉靖辛亥裔孫煦翻刻跋。此則建武鄧渼又翻嘉靖本也。丁氏《善本書室》著録，謂「萬曆丁巳，建武鄧渼得自謝耳伯，恨世不甚傳，因刻置文遠堂以貽同好，并列《宋史》本傳」，據此則渼當有跋，今亡之矣。惟丁本補鈔過半，此猶完善。半葉十行，行二十字。遇宋帝字皆空格，名皆注某宗廟諱，知其源出於宋也。收藏有「胡爾榮印」白文方印、「豫波」朱文方印、「胡氏豫波家藏啚書」朱文長印。胡氏海寧人，别字蕉窻，著《破鐵網》二卷。管芷湘跋其書，謂「鄉居往來，惟胡子蕉窻爲密邇。蕉窻向厚於貲，縹囊錦軸及鐘鼎金石，濟美一樓。然情性疏放，不問家人産，晚遂中落。年來書估骨董到門，有所悦而力不能從者，輒攢眉相告，大有娜嬛福地，張茂先不能再窺之思」。管氏引重至此，其人可見矣。

大學衍義四十三卷　八册

首自序，次進書表，次中書門下省時政〔二〕房申狀，次札子二首。黑口大字本，半葉十行，行二十二字，宋槧《讀書記》乙集上即爲是書。此明弘治刊本，削去「讀書乙集上」六字耳，凡提行款式一仍宋本之舊。通體前人以朱筆句讀一過，副頁盡是天啓五年狀紙。收藏有「静遠齋藏書記」朱文長方印、「蘭山宋開」、「石經堂印」朱文方印。

【校勘記】

〔一〕明弘治本「時政」後有「記」字，孫氏原稿無。

六子書　十七册

世德堂本

《老子道德經》二卷：河上公章句，太極左仙公葛玄序并篇目。

《南華真經》十卷：郭象注，陸德明音義，郭象序篇目。前載景定改元理宗庚申。有□龔士卨序，序稱「老莊荀揚文」五子，不言及列子，則知宋時但刊五子，明人傳刻新增列子也。半葉八行，行十七字。日本載□全書，板心有「桐陰書屋校」字樣，書名卷數行款悉與此同。

《沖虚至德真經》八卷：張湛注，殷敬順釋文，張湛序目録，劉向校上記。

《荀子》二十卷：唐大理評事楊倞注，楊倞序目録。

《新纂門目五臣音注揚子法言》十卷：李軌、柳宗元注，宋咸、吴祕、司馬光重添注，宋咸序並上表，司馬光序，篇目、渾天儀二篇。

《文中子中説》十卷：阮逸注，阮逸序並篇目。

顧春《刻六子書跋》云：先刑部府君少敦仁義之學，晚慕道德之言，故於六子書無不講覈。春之得於過庭者侈矣。自先君下世，每對是書，未嘗不悵然若有所慕焉，而弗得也。乃究其意旨，而無善本，脱謬不可考定。嘉靖庚寅冬，因治先君墓於桐井山，遂廬其側，校讐授梓，參文群籍，考義多方，越癸巳夏乃成。膏宵雞晨，寢食爲廢，匪敢言勞，用修先君之志云爾。是歲秋八月，東滄居士吴郡顧春識。

地脚注：書刻無歲月，未知孰爲後先耳。

穆天子傳六卷　一册

范氏天一閣刊本

錢塘韋先生文集十八卷　十六册

國初人鈔校本

錢塘孫廉侯爲予買得。孫氏，文瀾閣典書者，壽松堂後人也。原集廿卷，宋時已缺最後二卷，後世又缺最前二卷，此本已比《四庫》本多二卷，遇宋諱缺筆。半葉十行，行二十字，藍格子。通卷前人以朱墨筆據宋本校過。

姚氏手跋云：康熙戊戌長至後三日，姚世榮校閱於西塍書屋朱筆題在末卷後副葉上。

陵陽先生集　四册

舊鈔殘本

大題左一行題「牟巘獻之」，旁題「男應復」。首有至順辛未應復識語。墨渝紙敝，尚是明人鈔録。半葉九行，行十八字。收藏有「臣澧之印」「汝南」「帶經堂陳氏藏書印」「周印星詒」「憲嘉」等朱記。缺卷三至十六，凡十四卷。卷廿四又闕尾數番，未遇善本，故久未鈔足也。

宋子虚集不分卷　一册

校毛本

此亦膠東安氏流出之書，吾鄉華企菴萬育徵士閲過。

華氏手跋云：乾隆丁巳十月，華企菴閲。又云：孤館無聊，兩牕岑寂，課徒之暇，取是編爲之點定，不知於作者之意有合否也。乾隆丁巳十月記。

唐皮日休文藪十卷　二册

明刊宋本

前有柳開序、日休自序。狹板古紙，可亂宋刻。半葉十一行，行二十字。據《善本書室藏書志》，謂「萬曆戊申吴門許自昌於袁氏獲宋板《文藪》，刻之家塾，並爲小引」。今此本許氏小引已被書賈删去。

某氏手跋云：此本《文藪》，曩爲張幼溪指向遺經堂，求計七折六兩，買賣者皆視爲宋刻也。余雖審定明初刻，然無所徵。三十年來，又獲於吴門吴氏，閲其印「知不足齋藏本」，質諸鮑丈，亦不知所出。先是，獲萬曆許元祐刻本校之，藉此本補正一字，有正德袁表跋，稱「弟褧槧本，同諸弟衮帙勘校鋟梓」，則許本爲此本之水藍。袁氏刻有《小説文選》，皆精善，在明時已佚其跋，以亂宋本。蓋徵予之精賞，而喜得有所據也，喜而識之，甲戌八月二十日宏信書。

收藏有「顧澗蘋藏書印」「思適齋」「歙鮑氏知不足齋臧書」「鮑以文臧書記」。

王摩詰集十卷　二册

明刊白綿紙本

前有王縉進表、代宗批敕。晁氏《讀書志》、陳氏《書録解題》皆此，即十卷之本。陳氏云：「建昌本與蜀本次序皆不同，大抵蜀刻《唐六十家集》多異於他處本，而此集編次尤無倫。」〔二〕今本卷一至六爲賦與詩，卷七以下爲表、狀、書、序、記、讚、文、碑、墓誌，編次皆有條理，疑從建昌本繙雕。半葉十行，行十八字。《初學齋集·跋宋版〈右丞集·送梓州李使君詩〉》：「『山中一半雨』，俗本作『一夜』，蓋言其風土，深山冥晦，晴雨相半，故曰『一半』。」黄蕘翁《跋〈王右丞集〉六卷本》：「卷六『出塞作』脱去一行，計二十一字。」趙松谷《〈右丞集〉箋注例略》云：「吴興、武陵二本，誤載王涯《遊春詞》三十餘首。此本惟『一半』亦作『一夜』，餘皆不誤。不可謂非善本也。」

眉注：顧千里曰「題『摩詰』者蜀本也，題『右丞集』者建昌本也」，不知何據。

【校勘記】

〔一〕陳振孫《直齋書録解題》有「王右丞集十卷」。

白氏長慶集殘本　一册

蘭雪堂活字本

魚尾上有「蘭雪堂」三字。半葉十六行，行十六字。余向收字紙人乞得，共四十五葉耳。蘭雪堂主人爲吾鄉華氏允剛，又名「會通館」，明弘治間人，以銅活字印行古籍，至今珍逾宋槧。予刻意求之不可見，惟得此藁殘數十番，及《蔡中郎集》數葉而已。

磻溪集不分卷

與《長春真人西遊記》合裝一册，此《道藏輯要》本，竪藏家殊少著録，題「棲霞長春子丘處機撰」。前有大定丙午胡先謙序、泰和戊辰陳大任序，與《西遊記》並列胃集三。

蔡中郎集十卷外傳一卷　二册

校明本

此明徐子器刻本。予于庚戌六月，以士禮居校葉石君本校。辛亥十一月，以影宋本校。「别風淮雨」四字，仍未校正也。卷五四葉，以蘭雪堂活字本補。

臨顧氏手跋云：此下先去第二葉，《表太尉董公可相國》無下半篇，《讓尚書乞閑冗》無上半篇，目録可證。各本改其行款不缺，究莫如此爲最善。戊辰十二月，思適居士記。

臨黄氏手跋云：此舊鈔《蔡中郎集》，無序有目，通十卷，以《外傳》終焉。藏水月亭周香嚴家。前有「樸學齋」圖章，蓋葉君故物也。予收得神廟時徐子器本，亦出葉氏舊藏，而刻本遠不逮鈔，因取校於刻本上。同時又見錢塘何夢華氏活字本，頗勝徐刻，然較鈔本爲遜，已影鈔一本，手校鈔本異同於影鈔本上。其周本因字跡潦草，未及影鈔而還之矣。頃得惠松厓閲本，係《百三名家》本，而所校字多非舊鈔、活字兩本所有，其《太尉橋公廟碑》中「臨淄令賂財贓多罪」，惠校云「案謝承書，臨淄令路芝」，余覆檢活字本云「臨淄令賂之，贓多罪止正」；舊鈔本云「臨淄令路之，贓多財正」，今就惠校核之，是惟舊鈔爲近。蓋「路」本未誤「之」，僅脱草頭，若活字本已訛「路」爲「賂」矣。由此以推，非舊鈔爲最勝乎。遂倩友仍影鈔一本，於字跡潦草處，纖悉影橅，以存其真云。丁卯秋九月九日燈下勘畢，復翁。

又云：共計一百十七頁。照樣行書影寫。照墨筆，勿依紅筆。墨筆適有模糊之處，須依樣畫葫蘆，不可誤改爲囑。

又顧氏手跋云：蔡集以宋人所編十卷本爲最佳。而所見十卷本，又以此爲最佳，但未知宋槧可補八卷第二頁之缺否。前者復翁因僕言，次第訪得鈔刻各種，今識數語於此，冀再訪得宋槧云。戊辰十二月，思適居士。

收藏有「柯溪臧書」「小李山房圖籍」「子孫永保」「何氏家藏」「静深何子」諸印記。

石田稿三卷 三册

明弘治刊白棉紙印本

所見《石田集》，此爲最古。前有彭禮彦、吴寬、童軒三序，皆成化、弘治時作。後有李東陽一序，蓋刊成後加入。魚尾上皆有「弘治癸亥集義堂刊」兩行。末有靳頣、黄淮二跋，是刻最先，故有詩無文也。「弘治癸亥歲夏六月/嘉定庠生黄淮刊行」〔二〕，此牌子在吴序後。

安氏孟公手跋云：石田翁追趣洽而取名淡，其詩不行家集，不登國選，徒於所作墨戲林巒樹石、花鳥蟲魚間見之。或謂詩以畫掩，予獨不然。以必傳之詩，附必傳之畫，是詩以畫壽也。康熙二十九年庚午春王潔園孟叟。

收藏有「安瓚」白文方印。

【校勘記】

〔一〕此處爲臨寫牌記，外有方框。

周此山先生詩集四卷　四册

舊鈔本校過

鈔手精整，似影元鈔。收藏有「秀水朱氏攡古廬珍藏啚書印」「訪梅氏」「朱士楷藏書章」。

皇甫百泉還山詩不分卷　一册

明刊白棉紙印

《静志居詩話》：「皇甫汸，字子循，嘉靖己丑進士。有《司勳集》。」此其還山時言志之作，同人唱酬之詩附焉。單行本僅見此册。

海叟集三卷　一册

明初刊本

此正德間刊本，非完書也。有李東陽序，黑口密行，雅有古意。

海叟集四卷附録一卷　二册

校刊本

康熙間上海曹氏城書屋[一]刻本，王西莊校閲。予又以正德本校其字句，補録《與倪元鎮飲江上》一首。

王氏手跋云：詩至南宋之末而盡無，已無復有詩矣。元人欲趨唐調而未能也，其去古最遠者，尤在五言古風一體。觀海叟於此體，何其平易踈淡，樸實簡老也。爲之甚不難，而自是可傳者，何哉。苟舉世久不爲此體之後，而獨爲之，故足重耳。須是細心静氣讀之，若腸肥腦滿者，何由識得其中趣味。庚子七月，病中不能讀書，因看此。王鳴盛記。

收藏有「王鳴盛印」「西莊居士」等印。

【校勘記】

〔一〕「屋」，當爲「室」。

忠宣文集六卷　一册

明刊白棉紙印本

嘉靖甲寅廬州刻本。白口，半葉十行，行二十二字。收藏有「尊經堂印」「趙■■藏書印」「竹泉珍秘啚籍」「謏聞齋」等印記。

眉注：正統本《青陽集》九卷，附録二卷。

蛟峰文集七卷外集四卷　二册

明初刊白綿紙印本

天順五年辛巳玉山刊本。黑口，半葉十行，行廿二字。

獨孤憲公毘陵集二十卷補遺附録　二册

校本

亦有生齋刊本，鮑淥飲精校。鮑氏手跋云：嘉慶乙丑七月望，知不足齋通介叟校題夾籤上。收藏有「知不足齋藏書」「鮑以文臧書記」「會稽徐氏鑄學齋臧書印」。

止齋先生文集五十二卷　六册

明刊宋本白綿紙印

正德元年温州刊本。黑口，半葉十三行，行廿三字。朱筆校覈及補鈔闕頁，皆是前人手筆。五十一、二兩卷，蓋附録也。宋嘉定癸酉，止齋門人曹叔遠刊於永嘉，此即翻開其本。「嘉定壬申郡文學徐/鳳鋟板於永嘉郡齋」〔一〕，此牌子在後序之後。收藏有「善畊顧楗」「顧肇聲讀書記」「養拙齋」「小李山房」「子孫永保」等印記。

【校勘記】

〔一〕此處臨牌記，外有邊框。

高子遺書補編三卷　二册

安念祖手抄本

吾鄉《高忠憲集》，凡有三刻，崇正壬申門人陳幾亭本、康熙乙巳高氏祠堂本、乾隆華希閔本也。外孫安璿搜輯未刊之文爲若干卷，其書未見。此則安念祖更從孟公書中輯此三卷。

叙曰：「向者高子及門陳幾亭先生，手輯《高子遺書》，彙萃已備，而其序末曰『凡於不欲垂、不必垂者，胥已之』。其後刊版屢毁於譆出，故其書幾於雪痕鴻爪，是豈高子之靈不欲傳歟？亦其所輯尚多遺逸歟？竊思前輩著書，人人欽服，親友及門莫不珍祕，不獨藏於家也。高子於我祖先禄我素公爲輔仁之友，遂締姻好。我素公長子賜進士廓庵公爲高子之壻，文學孟公先生爲高子外孫。孟公一言一動，無不楷模高子，亦輯《高子遺書》，幾亭所未見，故多未刻之稿，非所云『不必垂者』。今道光辛丑歲，同邑楊某重刻

《遺書》，其功未竟。念祖素讀家藏未刻稿内頗多垂世之文，癸卯春月，潛心鈔録，謹輯經説餘録三十一條、疏一篇、書柬四十、文叙凡十一、碑一篇、跋四節、行狀三篇、傳六篇、墓石凡六、祭文凡七、詩六十，莫非高子理學經濟文章不瀆於幾亭所輯，别爲《遺書補編》，其『不必垂者』亦已之。然則高子之書既有幾亭集其全，復有孟公補其缺，外孫之親切，愈於門人之親炙也。何幸於三百年後，默祐彌外孫安念祖訂校録彙，成補編三卷，高子之書庶無遺逸，讀高子之書者，不益樂於尊聞行知也歟？道光二十三年孟夏月，彌外孫安念祖百拜謹識。」

眉注一：孟公手輯本大約存周進之處。

眉注二：《容春堂集》云「秦榛刻《顧端父重修二泉書院記》」，知流爲公之壻，榛其外孫也。

犁眉公集五卷

明初刊本

密行小字，是明初本之致佳者，今《大全集》内所刊《犁眉公集》止二卷也。原書褾褙甚劣，命工重裝，得宋刊《草堂詩箋》七葉爲附於後。此本湖北楊守敬藏書，楊氏當光緒中葉隨黎庶昌使日本，著《東瀛訪古録》，辛壬之間，避亂至滬，斥賣其書，多索高價有宋臨安書籍鋪《李推官集》售銀二百圓，而予得此頗易，亦幸事也。卷首有楊惺吾七十歲小像，每册有「飛書閣臧書印」「宜都楊守敬印」。

詞林萬選四卷　四册

葉石君校本

朱黄墨筆皆石君手跡也。有「琹川書屋印」。

葉氏手跋云：康熙丙辰八月廿五日，雨窻從舊本勘竟，前脱去二三葉未勘，其中差脱皆毛氏有意改削，殊可嘆也。東山葉石君識。

收藏有「琹川書屋印」，蓋席啓宇家物也。

群公詩法五卷　二册

明正德己卯刊白棉紙印本

不記撰人名字，讀成化庚子三山楊成序，則云「得傳抄本於揚州，因以鋟木，亦不知作者爲何人」，此又正德己卯古杞孫賓翻雕於全椒者也，《四庫》及收藏家從無著録者。中採宋元人論詩之書，如范德機之《木天禁語》《詩學禁臠》《詩家一指》《盛明滄浪詩話》、白居易《金鍼集》《沙中金集》等，頗多後世失傳之本，藉此猶可見其概略。半葉九行，行十九字，黑口本。收藏有「曾在張小林處」朱文長印。

玉臺新詠十卷　四册

五雲溪館活字本

陳尚書左僕射太子少傅東海徐陵孝穆撰。《玉臺新詠》活本者，以吾鄉華氏會通館所印爲著。此本每葉版心上題「五雲溪館活字」兩行，紙墨古雅，足與華本競爽。永嘉陳玉父序後載晁公武《讀書志》一則。半葉十行，行十九字。目隨卷分。五雲溪館不知何人。《郘亭知見傳本書目》「玉臺新詠」條下注有「五雲溪館活字本」，然收藏家絶未見有著録者。余以壬子初春訪書吴下，無意得之，竊自欣幸。張兆卿爲予裝畢，予題數行於首云：憶少年壯盛，於齊梁絶體，嗜之不翅顛狂，蓋意有所感也。二十年來，人事都非，即小緑天中，助我清吟之賢婦，亦已骨化形銷，微論雲錦館中人矣。兹以江潭摇落之年，重歌陌上花開之曲，此生多故，夫復奚言。感念前塵，悲喜交集。舊集孝穆語云「逸思琱華，横抽寶樹，敦詩悦禮，高擅玉函」，其在斯人乎！其在斯人乎！壬子十月二十五日，留菴書此於明活字《玉臺新詠》之首。旹在希君於歸前七日。

眉注一：書爲評點所污，會當挖去之。

眉注二：愛日精廬有《襄陽耆舊傳》，亦五雲溪館活本。

湛然居士集十四卷　二册

影元寫本

影寫甚精，紙墨甚舊。收藏有「結一廬藏書印」朱文方印。

歐陽文忠公集一百五十三卷年譜一卷

明刊本缺附録五卷

公集明有四刻，天順六年程宗知本，弘治辛亥顧天錫本，正德庚午劉喬本，嘉靖庚申何遷本。此本每卷小名在上，大名在下。統排卷數。各卷後有「熙寧五年秋七月男發等編定」「紹熙二年三月鄉人孫謙益校正」二行。各附考異。首有編定、校正、覆校十二人銜名。前後無刻書序跋，不知何時本也。惟何刻無年譜，此當是嘉靖以前本耳。收藏有「臣印■曾」朱文方印、「一經樓」朱文長印、「嚴印」、「曾熾文」皆朱文方印。

詩人玉屑二十一卷　十册

日本翻高麗本

正統己未，高麗國王曾以舊本翻雕，此又日本寬永十六年翻本也。別本皆二十卷，此獨多一卷，可寶也。末有高麗人玄惠、尹烟〔一〕二跋。

尹跋如下：古之論詩者多矣，精煉無如此編。是知一字一句，皆發自錦心，散如玉屑，真學詩者之指南也。恭維我主上殿下，尊崇正學，丕闡至治，又念詩學之委靡，思欲廣布此書，以振雅正之風。歲在丙辰，出經筵所藏一本，爰命都觀使臣鄭麟趾繡之梓，而壽其傳，始刊於清列牧〔二〕，年歲適歉，未即訖功，越四年夏季，臣烟承乏以來，覩其舊本，頗有誤字，乃敢具辭上聞，即命集賢殿讎正以下。臣雖荒蕪末學，監督惟謹，事已告成，嗚呼，聖上右文興化之意，至矣盡矣。後之學者，仰思聖訓，體此横範，得其性情之正，歸於無邪，是所望也。

【校勘記】

〔一〕「尹烟」，應作「尹炯」。

〔二〕「牧」，孫氏原稿誤作「目」，徑改。

聖宋名賢五百家播芳大全文粹一百卷

影寫宋本

此書通行本一百十卷，儀顧堂本一百二十六卷，鐵琴銅劍樓本一百五十卷，瞿本有續編，最足。儀顧堂本并子目言之，得一百二十六，實即一百十卷本也。《傳是樓書目》有宋本一百卷，與此相符。此鈔遇宋帝皆提行空格，取與他本相核，序次字句，亦多不同，固知其源出於宋也。緜紙烏絲欄，半葉十行，行字字跡到底精整，紙墨完好如新，亦殊難得。卷六十三之上半卷，及九十七、八二卷，皆白葉，注云「元缺」，依通行本，更缺序目、小傳，及卷一百一以下十卷。然不遇善本，寧抱殘珪斷璧之憾也。

予二十以後，有志於沉博絶麗之文，常服膺昌黎「非先秦兩漢之書不讀」之言。及肄業南菁，應課之文，非儷體不録，風會所趨，所好益深。顧於駢體與四六之界，辨之甚嚴。蓋其時甚卑視宋人體也。後見王公《四六話》等書，零章斷句，宛轉移人，足資諷詠，意頗喜之。思欲窺見其全，而散居别集，搜羅不易，良用慨然。頗聞有《播芳大全》者，爲此體之淵藪，彭文節公《宋四六選》之所從出也。其書率爲寫本，非收藏名家，未易闚見。今忽忽四十有四歲矣，傭筆生涯，文藝都廢，旦暮遇之，頓償夙願，書此志幸。收藏有「茂苑香生蔣鳳藻秦漢十印齋秘藏圖書」折角方印。

重刊校正笠澤叢書甲乙丙丁四卷補遺續補遺　二册

碧筠草堂重雕元本，松煙開化，精妙無雙。惟好寫別體，頗爲兔牀所訶，此蓋作俑於毛氏。首葉有「中吳顧楗手校重刊」朱文長印。卷末護葉有五行云：「是書刊刻，加意精求，而刷印未廣，近有維揚賈人翻板射利，字畫惡劣，風神頓失。恐■博雅君子，誤認爲碧筠草堂原本，先此奉白，續有《叢書考異》一卷嗣出。」收藏有「竹泉珍秘圖籍」「謏聞齋」皆白文方印。

毓修案，瞿中溶《古泉山館題跋》記及清人翻雕之書，在書目中又開一例。繆藝風謂「國朝影宋本，雕鏤工細，考訂精審，顧千里所謂縮宋板於今日也。近日傳鈔諸書，及東瀛刊本，大半入録，兩者相較，不有新舊之別耶？況國初及乾嘉以前，近者百年，遠者至二百餘年，如明中葉，仰企天水，而價值之貴，亦與毛季諸公購宋元無異，安得以新刻薄之乎，其言諒矣。及予撰此目録時，東海揚塵，滄桑又見，著録清本，實與勝國諸家著録明本無異矣。

魯公文集十五卷　四册

明萬曆中二十五世孫胤祚重刊本，亦祖安氏活字本也，皆聚珍本，多楊一清、戴熺二序。

集千家注杜工部詩集二十卷文集二卷　六册

明許自昌校刻之李杜集本也。今杜存而李亡矣。朱藍評點處尚是明人手筆。

彭城集四十卷　八册

武英殿活本。

收藏有「石研齋秦氏印」朱文長印。

公是集十卷

武英殿活本。

拙軒集六卷　一册

武英殿活本。

碧溪詩話十卷　一册

武英殿活本

曹子建集十卷　四册

明朱墨本，後附音義。有李東陽、徐伯虯、施扆賓三序。周巳翁假歸安陸氏藏居嶺堂本校，又手録正德五年海山居士序，補録《述行賦》一首，墨瀋爛然，想見其搦毫得意時也。

「嘉靖戊子歲次十二月/書林龔氏居嶺堂重刊。」

周氏手跋曰：嘉靖重刻正德本脱誤甚多，且爲李氏倒亂次序，不如此本尚存舊本原次。然其佳處可改正此本者，凡數十字，披沙揀金，往往見寶，此舊刊之所以可貴也。其本爲徐氏汗竹齋舊藏，有興公印記，知在當時亦重之矣。卷首有正德時田氏序，另紙寫粘於左。癸巳翁星詒記。又跋曰：癸酉仲冬月借儀顧先生藏本校。廿五日記，星詒。

倪雲林先生集殘本存卷三四　一册

八世孫珵重刻荆溪蹇曦本。存五言、七言二卷，而王穉登序依然冠於卷首，寫作俱佳，録之如左：

倪先生當勝國之季，潔身栖遯，孤標特立，照映巖谷，可謂皭然不汙抗迹霞外者矣。昔陶徵士書「甲子」不書「元」，先生亦不書「元」。張士誠據有江東，以僞爵餌士，士靡然從之。先生竄跡林莽，不受其聘。後士誠弟士德邂逅先生，不勝憤，榜笞之。先生不吐一口，此其節類龔勝。會元社將易，海内逐鹿者四起。先生恐懷璧爲罪，盡散家財，避之三泖五湖，不及於難。此其高又類鴟夷子皮。今世最重先生畫，次重其詩，又次乃重其人。是人以詩掩，詩以畫掩，世所最重者，特先生末技耳。先生詩風調閒逸，材情秀朗，若秋河曳天，春霞染岫，望若可採，就若可餐，而終不可求之於聲色景象之間。雖虞楊范揭諸公，登詞壇，執牛耳，非不稱盟主矣，然比於先生，猶垂棘夜光之視水碧金膏也。先生詩有二刻，一爲江陰孫大雅序，一爲華亭錢學士序，皆歲久剥裂，不堪吟諷。讀者病其豕魚，其八世孫珵懼風雅之失傳，悼祖德之無述，捐錙授鋟，焕然復新。於是先生之詩，家披户覽，想像其人若登雲林，窺清閟，仿佛見其寒松幽壑之姿也。刻成，問序於不肖，不肖蓋重先生詩畫，而又最重其人，惜乎生晚不能爲之執鞭，竊幸序先生詩，獲附於孫、錢二君之後，豈非東郭先生所云濫竽者耶？先生世家梁溪之祇陀村，子孫迄今不徙，號爲名宗，珵尤好禮，多長者之游。自其王父文潤而下，世以文學相禪，宗人推爲白眉。嗚呼，先生之高風宜其華胄遥遥哉！萬曆辛卯春正月廿五日王穉登序。

毓修案，《雲林集》江陰刻本號《清閟閣集》十二卷，凡見於縣志詩話者俱爲采録，城書

屋〔一〕、忍補齋兩刻因之。此重刻荆溪本，凡詩六卷附録一卷，汲古閣本因之。惜止存其少半也。然玩安氏跋語，則闕已久矣。天頭上孟公手評多有切去者，亦一恨事。

安某手跋云：罨畫樓書架上曾有《雲林詩集》，兵燹之後不知化爲何物矣。從元才子選中覩其片羽，不禁神往，擬購一編，貧未能也。戊申夏日，偶爲六房諸弟■■書，獲覩是編，意既攘之以義自止遵鬮屬■■■盡携其卷帙■■■目乞歸此詩諷誦■■如見雲林也。詩之益人如是哉。■秋■壥主人跋。

孟公手題卷面云「雲林集存一存癸未秋日重裝」。

收藏有：「小方臺」朱文長圓印、「惠林安勳卿家藏」白文方印。

【校勘記】

〔一〕「屋」，當爲「室」。

西廂記　四册

明朱墨本

元王實甫填詞。王西廂四本目云：《張君瑞鬧道場》《崔鶯鶯夜聽琴》《張君瑞害相思》《草橋店夢鶯鶯》。關漢卿一本目云：《張君瑞慶團圓》，并元無名字，《圍棊闖局》亦附焉，即俗刻所名之「續西廂」。繡像廿幅，一老夫人閑春院，二崔鶯鶯燒夜香，三小紅娘傳好事，四張君瑞鬧道場，五張君瑞破賊計，六莽和尚生殺心，七小紅娘晝請客，八崔鶯鶯夜聽琴，九老夫人命醫士，十崔鶯鶯寄情書，十一小紅娘問湯葯，十二張君瑞害相思，十三小紅娘成好事，十四老夫人問情由，十五短長亭斟別酒，十六草橋店夢鶯鶯，十七小琴童傳捷報，十八崔鶯鶯寄汗衫，十九鄭伯常干捨命，二十張君瑞慶團圓。此本首載凡例十則，署名即空觀主人，每本有評語及解證。皆依據確鑿，無一字無來歷，蓋《西廂》之□□也。其目録與《點鬼簿》合。《西廂》古本今存者當以此爲古矣。收藏有「紅■山人校讀」白文方印。

毘陵集三卷

朝散大夫使持節常州諸軍事常州刺史賜紫金袋獨孤及

秦公緒詩集

會稽秦系公緒

已上合一册

皇甫補闕詩集二卷附補遺　一册

左補闕内供奉安定皇甫冉茂政

羊士諤詩集附補遺

楊少尹詩集附補遺

河中楊巨源景山

已上合一册

嚴文正詩集附補遺

祕書郎山陰嚴維正文

戎昱詩集附補遺

已上合一册

此七種唐人小集，康熙壬午琴川書屋席氏治齋《唐詩百名家全集》本也，雕刻精雅，久爲蓺林珍賞。此本以羅紋紙印，墨潤如漆，紙古如印度寫經之貝葉，殊堪愛玩。中有季滄葦藏印，知在當時已重之矣。全書四十册四函，共得百家。聞藏吴中王幹臣太守家，不知何以流出四册也。「季振宜藏書」朱文長方印、「滄葦」朱文方印均見《毘陵集》《楊少尹集》首。

眉注：其版至今尚在。今本凡八十五家，有目無書者五家，而此殘本中之羊士諤、戎昱皆不載。據序知席氏先刊五十八家，曾以進呈。

鉅鹿東觀集十卷

舊鈔本

《東觀集》宋有二本，七卷者詩二百六十三首，其子閑所編也，首有薛田序。十卷本詩三百八十五首，此即是也。近有七卷，後更附補遺，卷首仍列薛序，乃妄改叙中「七」字以符十卷之數，補遺諸作實即十卷本之卷四至六也。陸其清《佳趣堂書目》「東觀集十卷，宋本」，知宋時實有二本，卷首本傳當是後人所加。此本爲丁氏持静齋物，江建霞云「元人鈔本」，今審之，當以明鈔爲是。收藏有「季振宜藏書」「曰藻」「文子」「曾在南有處」「石湖張子」「臣進之印」「張氏翼庭」「尚友齋印」「慶善字張美印」「西河張美珍藏」等印。

文末朱文小注：《昭代尺牘小傳》云「吴縣人，傳稱彤子，康熙乙未第二人及第，官經局洗馬，精明□賞，所藏書畫一甲吴郡」。

朱筆眉注：曰藻即箸《寓意編》云，繆氏，號南有居士，吴人也。康乾間以收藏書畫名，徐渭仁《跋寓意編後》云「湘舟顧君搜集吴中先哲遺文，幾欲片紙隻字不使流傳失所，此書爲南海吴荷屋中丞得之繆氏，湘舟以石濤畫一卷堅詞請易，予適過蓺海樓，因爲借刻」。藝海之書多歸丁氏，則此《東觀集》亦顧氏舊物也。

居夷集二卷附録一卷　一册

門人韓柱、徐珊校。

嘉靖刊本

《居夷集》之名，廑見於《千頃堂書目》，亦罕見之書也。前有邱浩序，後有徐珊書。半葉十行，行二十字。字體以篆作楷，彌見古色。此本自持静齋散出時，以曾藏惠紅豆家，人愈重之。而朱筆校跋，出於馬香谷之手。香谷名紹基，初不知爲何許人，頃讀孫淵如序，嚴子進《湖北金石詩》云「始畢督部鎮楚，檄訪各路金石拓本，任其事者，子進與馬通守紹基也」。因撿《連筠簃叢書》中《湖北金石詩》，是子進撰句，而香谷作注，每首皆有「馬紹基案」，或「馬案」云云，是亦乾嘉間一知名之士矣。而卷首更有丁菡生朱記，菡生名雄飛，江浦人，居烏龍潭上山水最佳處，名其居曰「小太平菴」，積書數萬卷，尤多祕本。有《古今書目》七卷，黄俞邰與之友善，結「古歡社」，其社約十條，《藕香零拾》刊之，一爲拈出，愈足爲此書生色矣。

馬氏手跋曰：按年譜，先生諱守仁，字伯安，號陽明。生於成化八年九月三十日丁亥，生之夕，祖母岑夢神人衣緋，至自雲中，鼓吹送兒來，驚寤已聞啼聲。其祖竹軒翁因命名雲。五歲猶不言，有神僧遇而目之曰：「好個孩兒，可惜名字道破。」竹軒翁更以今名，即能言。弘治二年壬子，二十一歲，舉淛江鄉試。十二年己未，舉會試第二人，賜二甲進士出身。正德元年三十五歲，謫貴州龍場驛驛丞。三十七歲，二月至龍場。三十九歲，陞廬陵縣知縣。四十八歲，宸濠反，先生平之。嘉靖七年，年五十七歲，十一月二十八日卒。隆慶元年，詔贈新建侯，謚文成。二年六月，子正億襲□新建伯。萬曆十二年，詔從祀於孔子廟。是集起於正統元年至四年，在龍場時所作也，香谷稿。乾隆四十九年正月望後元和後學香谷馬紹基[一]。

收藏有「紅豆山房校正善本」白文方印、「香谷馬氏珍藏之印」、「元和馬紹基香谷藏書印」朱文長方印、「朝爽閣藏書印」朱文方印、「丁菡生家藏書籍印」。

朱筆眉注：吴翌鳳《懷舊又續集》「馬紹基，字蕙珍，號香谷，元和人。官湖北德安府通判」。

【校勘記】

〔二〕原文無「基」字，整理時加。

元人十種詩集 二十三册

汲古閣精印本

《遺山詩集》二十卷缺三之八，凡六卷、《薩天錫詩》三卷《集外詩》一卷、《金臺集》二卷、《翠寒集》一卷、《唫嘯集》一卷、《雲林詩集》六卷《集外詩》一卷、《南村詩集》四卷、《玉山草堂集》二卷《集外詩》一卷、《句曲外史集》三卷《集外詩》一卷《補遺》一卷、《霞外詩》十卷。薩直齋手刊《雁門集》於至元丁丑，于尚書序之。又有《巧題七言律百首》别爲一集，毛晉跋謂不可得矣。或云二十卷本已亡，疑莫能明也。明初成化乙巳，關中趙蘭刻於兖州，弘治癸亥，雁門李舉又刻之於東昌，二本互有異目。李本又改《天錫詩集》，毛本□李本後又得元刊八卷本于荻匾王氏，因采前集所不載者爲《集外詩》一卷。毛氏所云之「荻匾本」今藏瞿氏。毛氏既得其本，何不毁校重刊，乃妄題「集外詩」以欺世，又不載于序，又及李本劉廷振、張習、趙蘭、李舉諸人序跋，古書面目芟除盡矣。毛氏藏本多精絶者，而所刻草草，何也？

眉注：《天一閣見存書目》有《嘷囈棄存集》四卷。

宋人未刻詞五家　二册

校鈔本

陳經國《龜峰詞》、向鎬《樂齋詞》、倪稱《綺川詞》《王周士詞》、王之道《相山居士詞》，凡五家，從知不足齋藏汲古閣未刊詞傳寫。收藏有「錢唐何元錫字敬祉號夢華又號蝶隱」朱文方印、「布衣喫菜根香詩書滋味長」朱文方印、「錢江何氏夢華館藏」朱文方印、「結一廬藏書印」朱文方印。

沈休文集四卷　二册

明萬曆板白棉紙印

梁武康沈約著，明武陵楊鶴校。《休文集》明萬曆乙酉就李沈道初與謝集並刊，有雲間張之象序。此則萬曆癸丑武陵楊修齡按浙屬武康令張禹門所刊本也。有楊鶴、駱從宇、駱曾三序。謂與唐孟貞曜、明沈蘭軒、駱兩溪三家並刊，號爲「四先生集」。仍存萬曆乙酉張之象序，及《梁書》本傳、鍾嶸《詩品》、《顔氏家訓》、《詩譜》、《竹林詩評》、劉會孟語諸條，蓋印翻沈道初本《休文集》。本傳稱百卷。《四庫》未收，明汪用賢未刊，惟張天如《漢魏百三家》本耳，究不如此本之近古。

玉臺新詠十卷

明寒山趙氏影刻宋本

陳尚書左僕射太子少傅東海徐陵字孝穆撰。孝穆自序、嘉定乙丑十月永嘉陳玉父後叙。半葉十五行，行三十字。宋諱皆缺筆。長卷頭。馮默菴云：己巳早春，聞有宋刻《玉臺新詠》在寒山趙靈均所，乃於是冬挈我執友，偕我令弟，造於其廬。既得奉觀，欣同傳璧，於是時也，素雪覆階，寒淩觸研，合六人之力鈔之四日夜而畢。飢無暇咽，或資酒暖，寒忘墮指，唯憂燭滅，不知者以爲狂人，知音者亦詫爲好事矣。所憾者，尋較不精，時起同異誤，自適於通人，終未絶於愚口，敬遵先志，參其得失，見聞不廣，敢矜三豖之奇，心目略窮，自盈偃鼠之腹。觀此，則馮氏先傳鈔帙，其後趙氏以宋本刻之也。馮二癡言宋刻，訛謬甚多，趙氏所改得失相半。至於行款，則宋刻參差不一，趙氏已整齊一番矣。宋刻是麻沙本，故不佳。舊趙靈均物，今歸錢遵王。南陽轂道人云：因憶此書余十六歲收藏時，靈均新刊，同志愛之若珍，雖非宋刻，不失爲宋之曾元。徐虹亭云：是書乃摹仿宋槧，而得其精妙也。然聞滄桑以後，斯板已經燬廢，當時所印止百十餘本。宋刻不知存亡，而是書亦流傳無幾。觸手磨抄，紙墨粲然，不勝東京夢華之感已上諸跋並見吴兆宜《玉臺新詠》注。觀此足見此本之淵源與其聲價矣。趙氏原叙多爲書賈割去，以充宋刻。爲補寫於此：

昔昭明之撰《文選》，其所具録，采文而間一緣情。孝穆之撰《玉臺》，其所應令，詠新而專精取麗。舍此而求，先乎此者，惟尼父之删述耳，將安所宗焉。今案，劉肅《大唐新語》云「梁簡文爲太子時，好作艷詩，境内化之，浸以成俗。晚欲改作，追之不及，乃令徐陵撰《玉臺新詠》以大其體」，凡爲十卷，得詩七百六十九篇。世所通行，妄增又幾二百。惟庾子山《七夕》一詩，本集俱缺，獨存此宋刻耳。虞山馮已蒼未見舊本時，常病此書原始梁朝，何緣子山厠入北之詩，孝穆濫擘箋之詠。此本則簡文尚稱皇子，元帝亦稱湘東王，可以明證。惟武帝之署梁朝，孝穆之列陳銜，并獨不稱名，此一經其子姓書、一爲後人更定無疑也，得此始盡釋群疑耳。至若徐幹《室思》一首，分六章，今誤作《雜詩》五首，以末章爲《室思》一首之類，顔延之《秋湖詩》一首作「九首」，亦沿其誤。魏文帝、甄皇后樂府《塘上行》，今作「武帝」已誤，直作甄后，大謬。傅玄《和班氏詩》誤《秋胡詩》，沈約《八詠》舊本二首在八卷中，其六首附於卷末，自是孝穆收録其合作者止此故。「望秋月」「臨[二]春風」删去「登臺」「會圃」四字。昔之分刻尚存史闕文遺意，今合刻遂全失撰者初心。此皆顯失，敢不詳言。至於字句小異，茲固未可悉呈矣。苟不精考，雷同相從，轉展傅會，與昔人本旨何與。故今又合同志中詳加對證，雖隋珠多類，虹玉仍瑕，然東宮之令旨還傳，學士之尊榮斯在。竊恐宋人好僞，葉公懼真，敢協同人，傳諸解士，矯釋莫資，逸駕終馳焉耳。時崇禎六年歲次癸酉四月既望吴郡寒山趙均書於小宛堂。

收藏有「鏡虹吟室」白文方印、「荃谿藏書」朱文方印、「鼎年」朱文小方印、「顧復之印」白文小方印、「五湖一老」白文方印。

【校勘記】

〔一〕「臨」，原稿作「明」，誤，徑改。

詩式五卷　一册

舊抄本

外舅顧振卿先生藏書，抄在十萬卷樓刊本之先。

滹南集四卷滹南詩話三卷

舊抄本璜川吴氏藏書

《滹南文集》四十五卷，詩文、詩話止此七卷，餘皆難考。丁氏《善本書室目》亦著録此本，非不全也。王鶚序云「四十五卷」，今本删去「十五」二字，想是舊本如此。卷中點刊出乾隆間鄉先輩許眉岑筆，有手跋六行及仲堪連珠小印。案，周懷西《犢山類稿》有《種學樓書目序》，爲許蒙齋作，謂蒙齋總其書目，分「七略」，曰經，曰史，曰子，曰集，曰選，曰類，曰説，各若干卷，以示其子麟石輩，今其目不傳。《類稿》中有許君次谷、許君眉岑傳，蓋皆蒙齋之子。眉岑名仲堪，庠生。家故有種學樓，積善本萬餘卷，册黄甲乙，皆蒙齋手澤。君發其家藏，自六經子史，旁及九流百家，靡不窺究，箸《種學樓詩稿》十四卷、《續稿》二卷、《放翁詩注》二十卷、《宋史寸錦》八卷、本朝詠物詩選《蛤螺集》二十卷、《讀書分類隨録》八卷、《印史會要》四卷、《雕蟲館印譜》二卷，今皆不傳。惟《陸詩選注》，懷西曾爲作序，文存於《類稿》中，可知其授槧耳。

眉注：《橋西雜記》云「嵇氏承咸《梁溪書畫徵》，其鄉許氏富藏書，有許眉岑仲堪者，注放翁詩甚詳。許眉岑與鮑若洲汀交善，乾隆嘉慶間人也」。見《藏書紀事》。

重校寓惠録四卷 二册

明白綿藍印本丙辰四月九日星期雨窻

明之守惠者，集東坡謫惠時所作詩文，曰「寓惠集」，猶明閣士選東坡守膠西集之意也《膠西集》見《四庫存目》。是集初刻十卷，蓋始於正德中郡守方，而左轄羅序之。至嘉靖五年重梓而新之者，則侍御涂、郡守顧、揭陽簿季，而潮紳蕭序之。嘉靖二十三年，重事較梓，釐十卷爲四卷，改「集」爲「録」，則參議翁、僉事施序之，即此本也。其後，嘉靖三十四年、四十五年，萬曆四年、三十七年，崇禎元年，清順治十五年，累經覆刊。乾隆六年，又加修改。刊板之多，至於如此，而傳本極少，諸家書目，絶無著録者，是可寶也。此本白棉紙靛印，板式精雅，猶存古意。

皇明文衡九十八卷目録二卷補闕二卷　十六册

嘉靖本

卷一第二、三、四行，題「翰林院學士新安程敏政選編、鄉進士國子監助教永康范震校正、賜進士應天府儒學教授郊郢李文會重校」。半葉十二行，行二十三字。四周單邊，白口。版首載程氏自序，後有淮康盧焕識。篁墩學士搜自洪武至弘治間作者，得一百七十六家，九百七十二篇。學士没，諸集散失。庠生程曾於敗篋中得其手書目録，遍訪海内蓄書家，亦幾十餘年，始克成編。有目録無文字者，八十九篇。於目下注缺字，刊諸卷末，止十五首而已。弘治間，徽州推官張鵬離爲九十八卷、《目》二卷、《補闕》二卷，鏤板於新安，朱知烊重梓於晉邸，彙入歷代文選中。家本則第三次刊行者也，橅印最精。余欲得《文選》《文粹》《文鑑》《文類》《文衡》《文穎》六書，而《文衡》最難得。前年有人得一劣本，欲借觀而不可。今得此，可以快然矣。收藏有「四明盧氏抱經樓藏書印」白文方印。

河岳英靈集三卷　二册

嘉靖白棉本

此明翻宋本也。半葉十行，行十八字。白口本。闕處多以墨訂蓋之。首殷璠自序，次集論。目録前有六行云「切見詩之流傳於世多矣，若唐之《河岳英靈》《中興間氣》，則世所罕見焉。本堂今得此本，編次既當，批摘又精，真詩中無價寶也。敬録諸梓，與朋友共之。四遠詩壇，幸垂■■藻鑒。■■謹啓」。目後又有總目一葉。宋時別有二卷本。